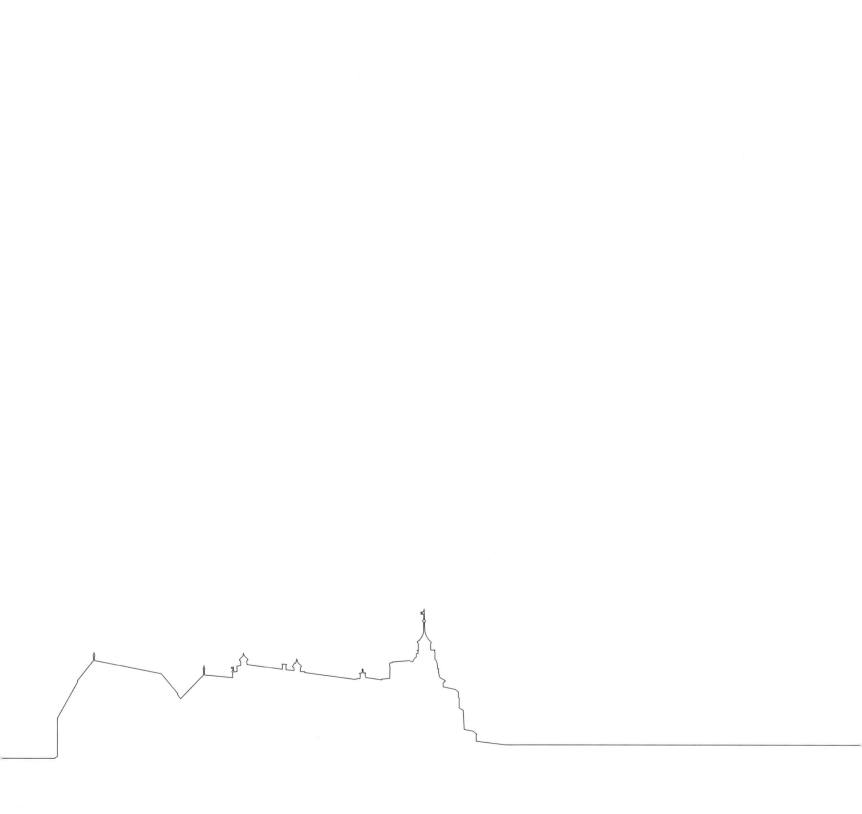

2.1 Industriestadt im Grünen:
In Heidenheim prallen an
jeder Ecke die Gegensätze
aufeinander.

Heidenheim an der Brenz

Süddeutsche Verlagsgesellschaft Ulm
im Jan Thorbecke Verlag

Vorwort

Der vorliegende Bildband erscheint zu einem Zeitpunkt, der für die Stadt Heidenheim eine Zeitenwende markiert. Der Übergang vom Jahr 2005 zum Jahr 2006 ist für uns so etwas wie der Eintritt ins 21. Jahrhundert. Spät dran sind wir deshalb nicht, im Gegenteil: Seit dem Jahr 2001 ist die Stadtentwicklung in vielen Schritten, in großen und in kleinen, vorangekommen. Damals hat der Bau des Brenzparks begonnen, 2006 Schauplatz der baden-württembergischen Landesgartenschau.

„Schau Schau" – so lautet der Werbeslogan dieser Landesgartenschau. „Schau Schau" passt inzwischen zur ganzen Stadt. Dieser Bildband legt Zeugnis davon ab, dass Heidenheim sehenswert ist. Das war die Stadt auch schon im Jahr 1992. Damals kam der bis dahin dritte Bildband auf den Buchmarkt. Wer aber Heidenheim zu dieser Zeit ins rechte Licht hatte setzen wollen, der musste Wege finden, Bausünden der Vergangenheit ebenso auszublenden wie diesen merkwürdig unorganischen Eindruck, den das Stadtbild bis vor wenigen Jahren vermittelt hat. Vierspurige Asphaltpisten, eine Fußgängerzone, die nirgendwo so richtig zu beginnen und zu enden schien, das Brenztal zugebaut mit Industrieanlagen und Gewerbebrachen, im Falle der ehemaligen Brauerei sogar direkt neben dem Rathaus.

Und über alledem Schloss Hellenstein. Wächter und Wahrzeichen der Stadt. Dem Blick so nah, doch kaum erreichbar. Aber dann bewarb sich Heidenheim um die Ausrichtung der Landesgartenschau und bekam 1997 auf Anhieb den Zuschlag. Groß war da der Jubel, hochfliegend waren die Erwartungen. Anfangs zögernd, dann mit wachsender Neugier, schließlich mit zupackendem Schwung entwickelte sich in Heidenheim ein gesellschaftliches Klima, das der Weltoffenheit einer modernen Industriestadt angemessen ist.

Es ist ein ganz besonderes Glück, dass diese bis dahin nicht für möglich gehaltene Veränderungsdynamik nicht zum Bruch mit der Vergangenheit einer an Traditionen und liebenswert schwäbischen Eigenheiten so reichen Stadt geführt hat. Hier zeigt sich der wahre, alle Zeiten überdauernde Wert, den Bodenständigkeit und Heimatliebe in diesen unsicheren und hektischen Zeiten darstellen. Die Menschen in Heidenheim bewahren das, was ihnen die Stadt lebens- und liebenswert macht, und sie schaffen Neues für ihre Kinder und Enkel. Die Wenigsten tun das nur für sich selbst, vielmehr profitiert die Stadt von einem beispielgebenden Gemeinsinn, der sich hier in Kultur, Sport und in allen anderen Bereichen des gesellschaftlichen Zusammenlebens zeigt.

Weil die Menschen die Stadt mit ihren Plätzen, Straßen, Parks und Gebäuden nicht nur „bevölkern", sondern weil es die Menschen sind, die eine Stadt bauen und verändern, vor allem aber mit Leben erfüllen, ist der vorliegende Bildband – anders als seine Vorläufer – kein Architekturführer vom Mittelalter bis zur Neuzeit. In diesem Band bildet sich das Antlitz der Stadt Heidenheim auch in den Gesichtern der Menschen ab, die darin zu sehen sind. Menschen beim Sport, im Theater, beim Spielen, beim Feiern. Menschen, die in Heidenheim zur Schule gehen, arbeiten, eine Familie gründen, alt werden wollen. Menschen, die hier glücklich und zufrieden sind und die dieses Gefühl mit Neubürgern und Gästen teilen wollen. Ihnen allen sei dieses Buch gewidmet!

Oberbürgermeister Bernhard Ilg

10	Wo die Jahrhunderte aufeinander prallen und die Natur alles dominiert
28	„Aquileia", „Schwäbisches Manchester" und „Ostalbmetropole": Namen und Entwicklung einer Stadt
38	Bodenständig zu neuen Ufern: Das Glück des Tüchtigen
54	Summa cum laude: Spitzennoten für Bildung und Ausbildung
62	Alte Römer, Picassos Toros und überdimensionale Rednerpulte
72	Kultur? – „Was ihr wollt!"
84	Weltmeister, Wasserratten und Wagemutige – Sport vor Ort
90	Auge, blicke! – Wo Felsen die Wiesen säumen

6.1 Die Heideflächen der Schwäbischen Alb sind seit Jahrhunderten ideale Weideplätze für Schafe.

Als Charakter einer Sache wird das bezeichnet, was diese in ausgeprägter Weise kennzeichnet.
Diese Definition lässt sich auch auf eine Stadt übertragen. Der Charakter einer Stadt begründet sich aus deren Besonderheiten und Banalitäten gleichermaßen. Besonderheiten machen eine Stadt für Besucher attraktiv – eine berühmte Historie, markante Gebäude, eine malerische Umgebung, kulturelle Highlights, prominente Persönlichkeiten. Banalitäten scheinen auf den ersten Blick uninteressant, austauschbar. Klotzige Betonbauten und uniforme Wohnsiedlungen der Nachkriegszeit finden sich fast überall; ebenso wie Supermarktketten oder Geschäfte in der Fußgängerzone. Doch in Verbindung mit dem Besonderen verleihen sie einer Stadt unverwechselbaren Charme. Den Charakter einer Stadt und ihrer Bewohner zu ergründen, erfordert Auseinandersetzung. Auseinandersetzung braucht Zeit. Aber wenn man sich diese Zeit nimmt, entpuppt sich zuweilen das, was auf den ersten Blick banal erscheint, am Ende als etwas Besonderes. Heidenheim ist Liebe auf den zweiten Blick. Aber dafür eine Liebe, die Bestand hat.

Was ist charakteristisch für Heidenheim? Da ist zunächst die Brenz – der Fluss, der den Stadtnamen vervollständigt. Er entspringt nördlich von Heidenheim in Königsbronn und mündet im bayerischen Landkreis Dillingen in die Donau. Der gemächlich fließende, 55 Kilometer kurze Fluss hat Heidenheim geprägt. Bis weit ins 19. Jahrhundert hinein war die Wasserkraft der Brenz der Motor der industriellen Entwicklung, diente als Frischwasserlieferant und Kloake gleichermaßen. Als Energiequelle hat der Fluss, trotz einiger Kleinkraftwerke, fast völlig ausgedient. Doch das schmale Tal, das er in die Ostalb gegraben hat, ist noch immer von Fabriken und Werkshallen besiedelt. Heidenheim ist die Industriestadt in Ost-Württemberg. Weltunternehmen wie Voith, Hartmann, Ploucquet und Edelmann haben hier ihre Wurzeln. Insgesamt arbeiten in Heidenheim mehr als 22.000 Menschen. Auch das Handwerk ist ein bedeutender Wirtschaftsfaktor.

Dass in Heidenheim traditionell schwäbisch „geschafft" wird, ist beim Bummel durch die Straßen nicht zu übersehen. Zielstrebig eilende Anzug- und Aktentaschenträger trifft man hier genauso wie Arbeiter im Blaumann. Aber ein Typ Mensch dominiert das Stadtbild ganz klar: der Hemdsärmelige – der Ingenieur, Tüftler, Ruhelose. „Schaffen ist uns eigen und eine Frage der Moral", titelte eine regionale Zeitung über den schwäbischen Menschenschlag. Und hier in Heidenheim scheint diese Eigenschaft 200-prozentig ausgeprägt.
Einen geradezu beruhigenden Kontrast zur Geschäftigkeit der Industriegelände bildet dagegen das Heidenheimer Schloss Hellenstein. Egal von welcher Himmelsrichtung aus man in die Stadt kommt – das Schloss ist immer weithin sichtbar. Die Festung thront über allem – in 74 Meter Höhe auf dem Hellensteinfelsen. Sie ist das Wahrzeichen der Stadt – nach außen hin Bollwerk, zur Hofseite hin märchenhaft, malerisch. Im 11. Jahrhundert Basis für die Stadtgründung. Der Mittelpunkt, um den sich die Stadt entwickelt hat. Und obwohl sich die Funktion des Schlosses inzwischen geändert hat – seine Bedeutsamkeit ist die gleiche geblieben. Heute beherbergt das Schlossgelände nicht nur zwei interessante historische Museen, sondern ist auch Schauplatz zahlreicher kultureller Veranstaltungen und Touristenmagnet das ganze Jahr über.

Das Schloss und die industrielle Entwicklung haben den Charakter Heidenheims maßgeblich bestimmt; und es zu dem gemacht, was es heute ist: wirtschaftsstark und bildungsbeflissen, kulturell und sportlich Spitze. Eine Stadt reizvoller Gegensätze. Keine Diva, dafür ist sie nicht eitel genug. Kein Mauerblümchen, denn sie geht mit der Zeit. Eine Stadt zum Gernhaben, sobald man ihr näher gekommen ist.

8.1 Nach außen hin Bollwerk, zur Hofseite hin malerisch: Schloss Hellenstein.

Wo die Jahrhunderte aufeinander prallen und die Natur alles dominiert

„Architektur ist gefrorene Musik."
(Arthur Schopenhauer)

Wie in vielen anderen Städten mit bewegter Vergangenheit, ist das Heidenheimer Stadtbild heterogen. Da stehen Fachwerkhäuser neben Beton- und Glasbauten, Jugendstilfassaden neben Backsteingebäuden. Großflächig gesehen überwiegen die Industriebauten des 19. und 20. Jahrhunderts. Die Stadt ist mit der Industrie gewachsen. Das ist unübersehbar. Den stärksten Gegensatz zur Industrie bildet zweifellos Schloss Hellenstein. Die mittelalterliche Festung und das Renaissance-Schloss thronen erhaben und zeitlos über der regen Betriebsamkeit der Werksgelände. Dabei hatte Heidenheim bis vor 200 Jahren noch den Charakter einer mittelalterlichen Stadt – was in einigen Ecken noch spürbar ist. Besonders die Hintere Gasse, zu Füßen des Hellensteins gelegen, besticht durch ihr malerisches Ambiente.

Das moderne Heidenheim hingegen ist maßgeblich durch Industrialisierung geprägt. Nachvollziehbar, dass es bei mancher Maschinen- oder Lagerhalle nur auf Funktionalität und nicht auf Ästhetik ankam. Heute machen die Werksgelände von Weltunternehmen wie Voith, Hartmann, Edelmann und Ploucquet einen beträchtlichen Teil der Gesamtfläche Heidenheims aus. Sie dominieren den Süden und Westen der Stadt. Die Stadtteile Schnaitheim, Mergelstetten, Oggenhausen und Großkuchen bilden mit ihrem dörflichen Charakter eine eigene Welt.

Ein Monument der Heidenheimer Wirtschafts- und Sozialgeschichte befindet sich im Norden: die Schmelzofenvorstadt – Gelände der ehemaligen Württembergischen Cattun-Manufaktur, kurz WCM genannt. Das Textilunternehmen war bis Anfang des 20. Jahrhunderts größter Arbeitgeber in Heidenheim. Heute stehen die attraktiven gelben und roten Backsteinbauten an der Brenz unter Denkmalschutz. Mit dem rasanten industriellen Aufschwung ist in Heidenheim neben Fabrikgebäuden noch eine weitere Form der Architektur entstanden: Arbeiterwohnsiedlungen. Die erste um 1890 im Westen der Stadt, an der Straße nach Steinheim. Zwischen 1900 und 1913 wurde am Südhang des Schmittenbergs eine Arbeiterwohnsiedlung der WCM errichtet, in der jedes Haus anders aussieht. Daneben entstand im Osten der Stadt, an der Giengener Straße, die Voith-Siedlung. Auch einige Industriellen-Villen, so genannte Herrschaftshäuser, wurden während dieser Zeit gebaut – insgesamt etwa 25 an der Zahl.

Nach dem Zweiten Weltkrieg setzte sich in puncto Wohnraumbeschaffung der Zweckrationalismus vollkommen durch. Die Bebauung schlängelte sich hügelan; Die Wohngebiete Galgenberg, Weststadt, Zanger Berg und Mittelrain schossen aus dem Boden. In den 70er und 80er Jahren folgten Reutenen und Nattheimer Steige, später das Osterholz.

10.1 Der neue Publikumsliebling der Stadt – die SCHLOSS ARKADEN. Die 2004 eröffnete Shoppingmeile hat neue Impulse für den Einkaufsstandort Heidenheim gesetzt.

11.1 Unterschiedliche Epochen, die zugleich ein harmonisches Bild ergeben: das altehrwürdige Schloss Hellenstein, zu seinen Füßen die Marienkirche und eines der neuesten Gebäude der Stadt, die SCHLOSS ARKADEN.

Die Stadtkernsanierung versuchte in dieser Zeit einen Ausgleich zwischen Bewahrung und Erneuerung zu schaffen. Leider fiel dabei so manches alte Gebäude der Abrissbirne zum Opfer. Legendär wurde das „Scharfe Eck", das am Eugen-Jaekle-Platz dem Kaufhaus „Steingass" Platz machen musste.

Heidenheim ist in Sachen Architektur zweifelsohne eine kontrastreiche Stadt. Ein Kontrast, der durch die Landschaft der Schwäbischen Alb noch verstärkt wird. Heidenheim – die Industriestadt im Grünen. Ein reizvoller Gegensatz. Sage und schreibe 62 Prozent der Gesamtgemarkung sind bewaldet. Da kann keine andere Stadt im Regierungsbezirk Stuttgart mithalten.

12.1 Heimat für Senioren in moderner Architektur: das Eugen-Loderer-Zentrum in der Stadtmitte.

12.2 Ein Bild wie aus dem Märchen: Das alte Badehaus steht direkt an der Brenz.

12.3 Blickfang in der Fußgängerzone: Die Schlossapotheke erfuhr Anfang des 20. Jahrhunderts die mit Abstand aufwändigste Fassadengestaltung der Stadt.

13.1. Das Konzerthaus: Der elegante Jugendstilbau bietet Platz für kulturelle Veranstaltungen aller Art.

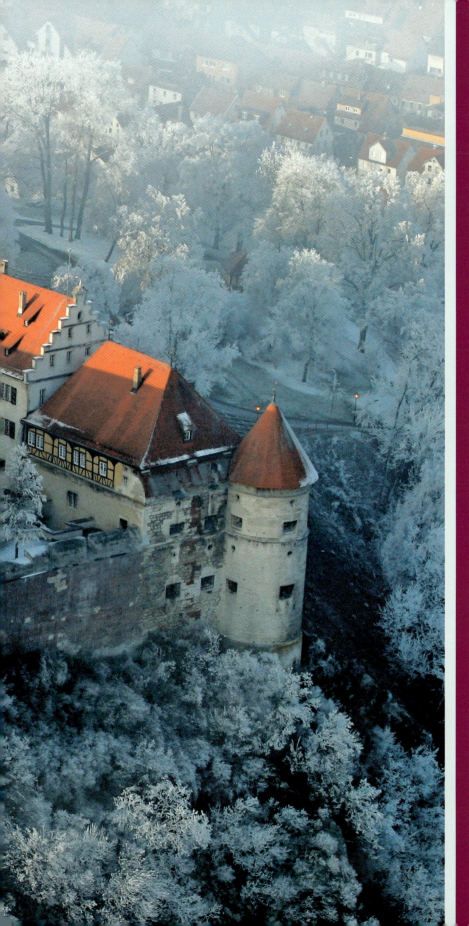

Eine felsenfeste Verbindung: Schloss Hellenstein

Eine Besichtigung des Stadtkerns beginnt fast automatisch am Schloss. Allein schon der Ausblick von der Südostbastion, dem „Zwetschgengärtle", ist den Aufstieg zum Hellenstein wert. Heidenheim liegt einem sprichwörtlich zu Füßen. Von hier oben ist am besten ersichtlich, wie Stadt und Natur miteinander verwoben sind. Die Burg Hellenstein wurde zwischen 1130 und 1145 erbaut. Nur noch Ruinen sind davon übrig geblieben, in der Mitte der so genannte Rittersaal. Buckelquaderreste lassen erahnen, wie es in der Zeit der Staufer ursprünglich aussah. Nach einem Brand, der die Burg 1530 bis auf die Grundmauern zerstörte, ließ Herzog Ulrich sie wieder aufbauen. Als Herzog Friedrich I. von Württemberg 1593 an die Macht kam, baute er vor die mittelalterliche Burg ein Renaissance-Schloss. Der gesamte Komplex des unteren und oberen Schlosshofs wurde erweitert und erneuert – es entstand ein Festungswerk mit mächtigen Rondellen und Basteien – Kapelle, Obervogtei, Burgvogtei und Altanbau – Letzterer zugleich Bollwerk. Ihm gegenüber steht der 130 Jahre ältere Fruchtkasten.
Ende des 18. Jahrhunderts drohte die Schlossanlage zu verfallen. Ganze Teile der mittelalterlichen Burg, des so genannten Oberen Schlosses, wurden abgetragen; andere als Kaserne, Lazarett, Gefangenenlager, Webschule und Turnhalle genutzt. 1837 bot die königliche Bauverwaltung dem Zerstörungsprozess Einhalt. Umfangreiche Sanierungsarbeiten begannen, die das Land, als jetziger Eigentümer, bis in unsere Tage fortsetzt. In Schlosskirche, Obervogtei, Burgvogtei und Altanbau befindet sich heute das stadtgeschichtliche Museum Schloss Hellenstein.

14.1 Es thront über der Stadt wie ein Beschützer: Schloss Hellenstein. Bis heute hat es nichts von seiner Mächtigkeit und Schönheit verloren.

Im Fruchtkasten, dem markanten Gebäude an der Südostseite, ist das Museum für Kutschen, Chaisen und Karren untergebracht. Darüber hinaus fungiert das Schloss heute als Schauplatz zahlreicher Veranstaltungen. Die bekannteste: die jährlichen Opernfestspiele, die in der malerischen Kulisse des Rittersaals stattfinden.

Doch nicht nur historisch und kulturell gesehen ist Schloss Hellenstein mit seinen großzügigen Parkanlagen das zweifellos interessanteste Gebäude Heidenheims. Es ist das Herz der Stadt. Besuchermagnet, Pilgerstätte. Ein Ort für Verliebte, für Verlassene. Ein Ort zum Verweilen, Ausruhen, Krafttanken, Besinnen. Ein Ort zum Lernen und Erleben. Ein Ort, der Geschichte (be)greifbar macht – und Geschichten zu erzählen weiß. Eine liebenswerte Anekdote rankt sich um den Schlossbrunnen. 78 Meter tief ist er und durch eine Kunstschmiedearbeit des Jahres 1898 gesichert. Dem Volksmund nach stammen alle Heidenheimer Kinder aus diesem Brunnen, der deshalb den Namen „Kindlesbrunnen" trägt.
Heidenheim ist ohne sein Schloss nicht denkbar. Es wäre so, als nähme man dem Stadtnamen die letzte Silbe weg. Denn das Schloss symbolisiert die Heimat, das Heimkommen. Egal, ob man per Auto oder Bahn anreist, bei Tag oder bei Nacht. Das Schloss ist schon aus der Ferne sichtbar und vermittelt den Heidenheimern ein Gefühl der Vertrautheit und Geborgenheit.

Knöpfle, fluchende Weber und ein gepierctes Rathaus: Das Stadtzentrum

Verlässt man das Schloss durch das südliche Tor, gelangt man über den steilen Hermann-Mohn-Weg zurück ins Stadtzentrum. Unmittelbar unter dem Hellenstein befindet sich der mittelalterliche Teil der Stadt. Die Hintere Gasse ist eines der Schmuckstücke Heidenheims. Das markanteste Bauwerk hier ist das alte Eichamt, das schönste Fachwerkhaus in Stadt und Kreis. Es wurde im Jahr 1688 erbaut und diente bis 1821 als Stadtschreiberei, danach kurze Zeit als Königliches Oberamtsgericht und als Schule. Ab 1874 beherbergte das Gebäude das Eichamt. Seit 1980 ist hier eine Begegnungsstätte für Senioren, heute Bürgerhaus, eingerichtet.
Nur wenige Meter hinter dem alten Eichamt – An der Stadtmauer 6 – befindet sich ein weiteres historisch interessantes Gebäude. Es besticht weniger durch sein Äußeres als vielmehr durch die Tatsache, dass hier im Jahre 1803 Johann Matthäus Voith geboren wurde. Der Begründer der gleichnamigen Firma legte den Grundstein für die Massenherstellung von Papier – und gleichzeitig den Grundstein für ein Weltunternehmen. Heute ist Voith größter Arbeitgeber in Heidenheim. Das Geburtshaus von Voith wurde von einem späteren Besitzer ausgebaut, indem er das Dachgeschoss an der westlichen Giebelseite bis zur mittelalterlichen Stadtmauer verlängerte. Der so entstandene Durchlass wird „Uhuloch" genannt.

16.1 Mama, woher kommen die Kinder? Der „Kindlesbrunnen" im Schlosshof gibt Aufschluss.

16.2 Romantisches Flair verströmt der Rosenmarkt, der einmal im Jahr in der Hinteren Gasse, der Altstadt Heidenheims, stattfindet.

16.3 Ein Schmuckstück in der Hinteren Gasse ist das alte Eichamt. Das 1688 erbaute Fachwerkhaus wird heute als Bürgerhaus genutzt.

17.1 Frische Produkte aus der Region werden mittwochs und samstags auf dem Wochenmarkt angeboten.

18.1 Ein zentraler Punkt in der Fußgängerzone ist der Brunnen der Knöpfleswäscherin. Dieser Stadtlegende verdanken die Heidenheimer ihren Spitznamen.

19.1 Fachwerkhäuser, Blumen, enge Gassen. Der nördliche Aufgang zum Schloss ist eine der schönsten Ecken Heidenheims.

19.2 Das Elmar-Doch-Haus beherbergt Touristinformation, Stadtbibliothek und Volkshochschule.

19.3 Für Kinder werden spezielle Stadtführungen angeboten. Zur „Nacht der Bücher" durfte der Gang durchs „Uhuloch" nicht fehlen.

Parallel zur Hinteren Gasse verläuft die ehemalige Vordere Gasse – heute Hauptstraße und Herzstück der Fußgängerzone der Stadt – ebenfalls ein beschauliches Stück Heidenheim. Mittelpunkt hier: das Alte Rathaus mit dem Brunnen der Knöpfleswäscherin. Das Alte Rathaus dient seit 1979 unter der Bezeichnung „Elmar-Doch-Haus" als Kulturhaus und Touristinformation Heidenheims.

Die Heidenheimer tragen den spöttischen Beinamen „Knöpfleswäscher". Den Hintergrund bilden zwei einander ähnliche Anekdoten. Die populärste besagt, dass einst eine hiesige Bürgerin ihrem Mann einen Korb voller Knöpfle (eine Heidenheimer Spezialität, den Dampfnudeln ähnlich) zur Arbeit bringen wollte. Auf dem Weg dorthin stolperte sie, die Knöpfle fielen auf die Straße. Die Frau sammelte sie auf, wusch sie im Stadtbach, und ihr Mann musste auf sein Mittagessen nicht verzichten.

Die zweite Anekdote: Im Dreißigjährigen Krieg verschmähten französische Soldaten die Heidenheimer Knöpfle und warfen sie auf den Boden. Der Wirt wusch sie, röstete sie und setzte sie den Soldaten erneut vor. Diesmal schmeckten ihnen die Knöpfle vorzüglich.

Der Bildhauer Albrecht Kneer aus Zang wurde nach einem Künstlerwettbewerb mit der Ausführung seiner Idee betraut. Das Ergebnis ist seit 1984 in der Fußgängerzone zu bewundern. Und beweist, dass die Heidenheimer über ihren Beinamen alles andere als böse sind. Steht doch der Name „Knöpfleswäscher" als Synonym für findige Menschen und für Schwaben, die „nix verkomma lassed".

Dem Brunnen schräg gegenüber befindet sich ein weiteres interessantes Gebäude – die Schlossapotheke. Geht man von der Fußgängerzone in nördliche Richtung, stößt man auf den Eugen-Jaekle-Platz, benannt nach dem ehemaligen Heidenheimer Oberbürgermeister (1903–1935). Eugen Jaekle hatte den Wildwasserlauf Wedel zubetonieren lassen, der bei plötzlichem Hochwasser mitten durch die Stadt strömte und den Verkehr behinderte. Den nördlichen Abschluss der Hauptstraße bilden die SCHLOSS ARKADEN. Das moderne, lichtdurchflutete Einkaufszentrum öffnete im Oktober 2004 seine Pforten. Auf rund 17.000 Quadratmetern laden 40 Geschäfte zum Einkaufen und Bummeln ein. Die SCHLOSS ARKADEN haben neue Impulse für den Einkaufsstandort Heidenheim gesetzt und verzeichnen auch einen regen Besucherzustrom aus dem Umland.

Im Süden wird die Fußgängerzone vom Johann-Matthäus-Voith-Platz begrenzt. Hier beginnt das industrielle Heidenheim. Die Werksgelände von Voith und Hartmann liegen direkt nebeneinander und ziehen sich an der Brenz entlang bis zum idyllischen Ortsteil Mergelstetten. Unweit des Voith-Platzes finden sich „Im Flügel" die ersten Zeugnisse des Heidenheimer Weberhandwerks. Die Vorstadt wird auch „Gottloser Flügel" genannt. In sanftem Schwung schmiegen sich kleine Giebelhäuser an den Hügel, in denen bereits ab 1602 Leinwandweber lebten und arbeiteten. Die unfreundliche Bezeichnung „Gottloser Flügel" kommt angeblich von dem eher lockeren Lebensstil, den die Weber gepflegt haben sollen. Zudem wird ihnen nachgesagt, beim Reißen der Fäden fürchterlich geflucht zu haben. Wieder stadteinwärts gehend, stößt man auf ein betongraues, dominantes Hochhaus mit y-förmigem Grundriss. Das Neue Rathaus steht für die Baugesinnung der 60er Jahre – pure Funktionalität. Seit 2001 trägt das Gebäude in Höhe des 7. Stockwerks einen Piercingring aus Edelstahl. Er hat einen Durchmesser von 2,4 Metern, durchbricht die Hauswand und kommt auf der anderen Seite der Hausecke wieder zum Vorschein. Dieser ungewöhnliche Gebäudeschmuck der Berliner Künstlergruppe „inges idee" ist das Resultat des Bildhauersymposions 2000. Dadurch, dass der Ring sowohl von außen als auch von innen sichtbar ist, vereint er den öffentlichen und privaten Raum – und unterstreicht somit die institutionelle Funktion des Rathauses.

20.1 Gläserne Kuppel, schlichte Eleganz in G... So präsentiert sich das neue Vorzeigestück i... der Innenstadt, die SCHLOSS ARKADEN. Das Gebäude beheimatet auf rund 17.000 m... 40 Geschäfte und schließt den nördlichen Te... der Fußgängerzone ab.

20.2 Backgammon spielen in der Nachmitta... sonne.

21.1 Den sachlichen Stil der 60er Jahre verkö... pert das Rathaus. Im Kontrast dazu steht der ungewöhnliche Gebäudeschmuck.

Die Glocken sollen läuten: Kirchen in Heidenheim

Im größten denkbaren Kontrast zum Rathaus steht die Pauluskirche. Der markante neugotische Bau besitzt einen 75 Meter hohen Turm. Die Mauern bestehen aus rotem Backstein; Gesimse, Pfeilerabdeckungen, Fenster- und Türrahmen hingegen aus weißem Sandstein. Der Bau der evangelischen Kirche resultierte aus dem starken Bevölkerungszuwachs Heidenheims im 19. Jahrhundert und wurde zwischen 1895 und 1898 nach Plänen des königlichen Hofbaudirektors Felix von Berner aus Stuttgart realisiert. Seit 1995 ist die Pauluskirche mit einer neuen Rieger-Orgel ausgestattet, die sich für die Liturgie ebenso eignet wie für die sinfonische Orgelliteratur der französischen Romantik.

Ein zweiter interessanter Kirchenbau befindet sich unterhalb des Schlosses – die evangelische Michaelskirche. Sie gründet auf eine spätromanische Nikolauskapelle (1210–1220) und wurde seither mehrmals umgebaut und erweitert. Bei der Renovierung in den 60er Jahren fand man 35 zuvor übertünchte frühbarocke Tafelbilder, die größtenteils vom Heidenheimer Kunstmaler und Bürgermeister Gottfried Ensslin (1600–1682) stammen.

Eine weitere das Stadtbild prägende Kirche ist unweit des Bahnhofs gelegen: die katholische Marienkirche. Ihr heutiges Aussehen resultiert aus einem umfassenden Umbau im Jahr 1932. 50 Jahre zuvor war der Grundstein für das neuromanische Gebäude gelegt worden.

22.1 Beeindruckende Werke aus allen Epochen erklingen seit 1995 auf der neuen Orgel der Pauluskirche.

23.1 Die aus rotem Backstein gebaute evangelische Pauluskirche. Ihr 75 Meter hoher Turm überragt das gesamte Stadtzentrum.

23.2 Malerisch gelegen: die Michaelskirche an der Treppe zum Schloss.

23.3 Die älteste Kirche Heidenheims steht auf dem Totenberg. Der ursprüngliche Holzbau wurde im 8./9. Jahrhundert durch einen Steinbau ersetzt und dient heute als Friedhofskapelle.

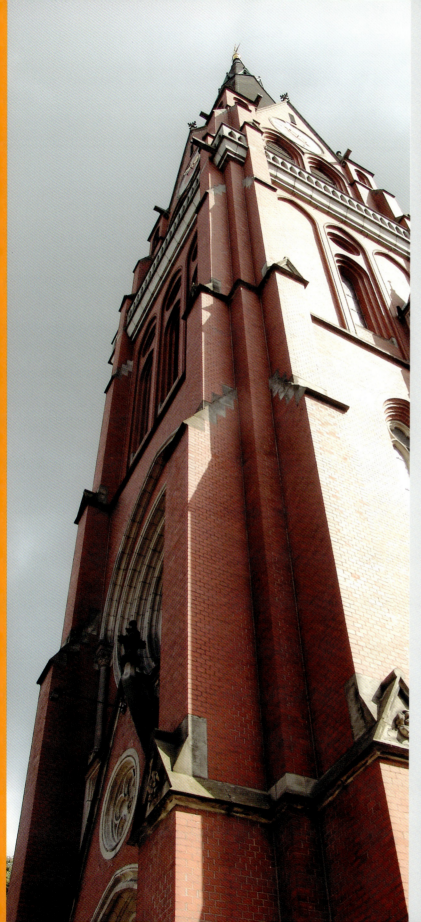

Der Bevölkerungszuwachs Anfang des 20. Jahrhunderts und die steigende Zahl der Katholiken in Heidenheim machten eine Erweiterung der Kirche notwendig. Das Gebäude wurde nach Süden durch Vergrößerung des Chores und nach Norden durch Verlängerung des Hauptschiffes und der beiden Seitenschiffe ausgedehnt. Um die Proportionen anzupassen, verbreiterte man außerdem den Turm.

Die älteste Kirche Heidenheims steht auf dem Totenberg – einem Felsmassiv im Osten der Stadt. Im 6. Jahrhundert stand dort ursprünglich ein Holzbau, der schätzungsweise im 8./9. Jahrhundert durch eine Steinkonstruktion ersetzt wurde. Seither erfuhr die Kirche zahlreiche Reparatur- und Umbauarbeiten. Heute präsentiert sich die Peterskirche in strahlendem Weiß – bei Sonnenschein ein besonders schöner Anblick – und ein Trost für die Angehörigen, die auf dem Totenbergfriedhof ihre Verstorbenen zur letzten Ruhe begleiten.

Dorf in der Stadt und grüne Lungen: Stadtteile und Parkanlagen

In reizvollem Gegensatz zum urbanen, industriellen Charakter der Stadt stehen die Stadtteile Heidenheims. Da ist zum einen das im Norden angrenzende Schnaitheim, das mit der Stadt durch den Brenzpark und ein großflächiges Gewerbe- und Einkaufsgebiet verbunden ist. Schnaitheim ist der größte Heidenheimer Stadtteil – dörflich geprägt, mit idyllischen Fleckchen an der Brenz. Eines der romantischsten Gebäude hier: das direkt am Fluss gelegene „Schlössle". Es wurde im 12. Jahrhundert erbaut und diente lange Zeit als Amtssitz des Heidenheimer Oberforstmeisters.

Im Süden Heidenheims geht das Industriegelände der Paul Hartmann AG in den Stadtteil Mergelstetten über. Hier bahnt sich die Brenz träge ihren Weg durch Wiesen und Felder. Rad- und Wanderwege locken Bewegungsfreudige. Einen herben Kontrast zur Naturidylle bildet das Zementwerk Schwenk an der B 19. Und dahinter der Steinbruch, der Kalkstein und Mergel für die Zementherstellung liefert.

Während Mergelstetten und Schnaitheim direkt ans städtische Heidenheim angrenzen, liegen die Stadtteile Oggenhausen und Großkuchen etwas weiter entfernt. Von Wäldern und Wiesen umgeben, die einen natürlichen Übergang bilden zwischen Stadt und Land.

Oggenhausen ist der kleinste Stadtteil Heidenheims – von hier ist es nur ein Katzensprung bis nach Bayern. Die markantesten Gebäude sind das Untere Schloss und die Brauerei Königsbräu. Der Erzknappenbrunnen erinnert daran, dass in und um Heidenheim bis Ende des 19. Jahrhunderts Bohnerz abgebaut wurde. Der Brunnen ist mit Gusstafeln versehen, welche die wichtigsten historischen Daten des Ortes enthalten. Jüngster Stadtteil Heidenheims ist Großkuchen (mit Kleinkuchen, Rotensohl und Nietheim). Moderne Einfamilienhaus-Siedlungen inmitten von Wiesen, Feldern und Heidelandschaft kontrastieren mit dem bäuerlichen Siedlungskern. Hier beginnt das Härtsfeld – ein urwüchsiger Landstrich, mit Wacholderheiden bewachsen und von Trockentälern durchzogen.

Aus gewachsenem Umweltbewusstsein und dem Wunsch, im Einklang mit der Natur zu leben, ist in Heidenheim ein Projekt entstanden, das „Dorf in der Stadt" heißt. Das Resultat: eine kleine Wohnsiedlung im Westen. Niedrigenergiehäuser, begrünte Dächer, Sonnenenergie- und Regenwassernutzung – das macht das „Dorf in der Stadt" aus. Das Projekt ist generationenverbindend; schließt Alten- und Kinderbetreuung ein. Das „Miteinander-Leben" steht hier im Vordergrund.

24.1 Großkuchen: Die ausgedehnten Wiesen der Härtsfeldlandschaft bieten Reitern ideale Bedingungen.

24.2 Der Erzknappenbrunnen in Oggenhausen: Auf seinen Gusstafeln befinden sich die wichtigsten Ereignisse der Ortsgeschichte.

24.3 Leben in der Gemeinschaft im „Dorf in der Stadt".

25.1 Märchenhaft: Im „Schlössle" in Schnaitheim residierte lange Zeit der Oberförster.

26.1 Landesgartenschau 2006: Bienenskulpturen im Bienengarten, von Prof. Jeanette Zippel.

26.2 Normalerweise bekommt man sie kaum zu Gesicht – die Tiere des Waldes und der Alpen. Im Wildpark Eichert hat man sogar die Möglichkeit, sie zu füttern – allerdings nur aus dem Futterautomaten.

26.3 Oase inmitten der Stadt: Ein Spaziergang durch den großzügig angelegten Schlosspark lässt Alltagsstress vergessen.

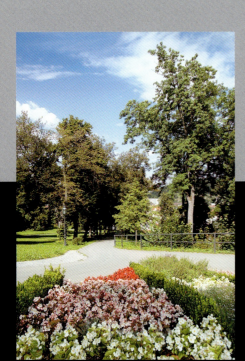

Heidenheim ist eine Stadt, in der die Gegensätze an jeder Ecke aufeinander prallen. Historie und High Tech. Tradition und Moderne. Heidenheim und Highdenheim. Und vor allem: Industrie und Natur. Die Stadt ist mit der Schwäbischen Alb verwachsen und von ausgedehnten Mischwäldern umgeben. Zudem verfügt sie über zahlreiche Parkanlagen. Die idyllischste umgibt das Schloss. Sanft hügelig zieht sich der mit Büschen und Bäumen bewachsene Park bis zum Albstadion und der sich anschließenden Wohnsiedlung Reutenen. Unweit des Schlosses befindet sich der 30 Hektar große Wildpark Eichert. In sechs Gehegen können hier Schwarz-, Rot- und Dammwild bestaunt und gefüttert werden, außerdem Mufflons, Stein- und Gamswild sowie zahlreiche Enten- und Gänsearten. Die Gehege sind von gut befestigten Rundwanderwegen umgeben.

Mitten in der Stadt, unweit des Bahnhofs, lädt die Georges-Levillain-Anlage Durchreisende zum Verweilen ein. Sie ist nach dem ehemaligen Bürgermeister der französischen Partnerstadt Clichy benannt. Ein kleiner Park in Schnaitheim trägt den Namen Georg-Elser-Anlage – jener Mann, der 1939 ein missglücktes Attentat auf Hitler verübte. Der zuletzt im nahe gelegenen Königsbronn wohnende Elser wurde am 9. April 1945, wenige Tage vor der deutschen Kapitulation, im KZ Dachau von den Nazis ermordet. Erst seit wenigen Jahren wird sein Name in einem Atemzug mit anderen Persönlichkeiten des deutschen Widerstandes genannt. Und Schnaitheim kann mit einer weiteren interessanten Anlage aufwarten. Der Sonnen- und Zeitpfad ist eine Kombination von Sonnenuhr, Himmelsglobus, Planetenweg, Tierkreis und Zeitpfad. Die Installation lässt Zeit „begreifbar" werden. Sie bildet gleichzeitig das Ende des Brenzparks, der durch das Gelände der Landesgartenschau 2006 bis in die Heidenheimer Innenstadt führt – die größte Grünanlage Heidenheims.

„Aquileia", „Schwäbisches Manchester" und „Ostalb-Metropole"
Namen und Entwicklung einer Stadt

„Geschichte ist nicht nur Geschehenes, sondern Geschichtetes –
also der Boden, auf dem wir stehen und bauen."
(Hans von Keler)

Geschichte ist immer Gegenwart, denn Geschichte hinterlässt Spuren. Der Charakter des heutigen Heidenheim ließe sich ohne einen kurzen historischen Exkurs nur schwer begreifen. Die Stadt ist von verschiedenen Epochen geprägt, wobei die der Industrialisierung im späten 19. und frühen 20. Jahrhundert wahrscheinlich die entscheidende Zeit für ihre Entwicklung war. Eine Zeit, in der Unternehmen entstanden, die heute mehrere Tausend Mitarbeiter beschäftigen und Heidenheimer Produkte in aller Welt bekannt gemacht haben.

Von Neandertalern, Römern und Alamannen: Die ersten Siedler

Die ersten Zeugnisse menschlicher Besiedlung in Heidenheim liefert ein altsteinzeitlicher Rastplatz in einer Felsnische am Schlossberg. 80.000 Jahre alt sind die Steinwerkzeuge und Tierknochen, die der Heimatforscher Hermann Mohn hier 1930 entdeckte. Dieser Fundort trägt heute den Namen „Heidenschmiede". Eine kontinuierliche Besiedlung der Gegend scheint erst seit der Spätbronzezeit, ab etwa 1300 v. Chr., eingesetzt zu haben. Die nachfolgende Urnenfeldepoche (1200 bis 800 v. Chr.) ist durch umfangreiche Siedlungsreste in Heidenheim und Schnaitheim belegt. Zudem beweisen ausgedehnte hallstattzeitliche Grabhügelfelder, dass die nähere Umgebung Heidenheims in der Zeit zwischen 800 und 500 v. Chr. keltisch war. Es waren höchstwahrscheinlich die reichen Bohnerzvorkommen, welche die Siedler der frühen Eisenzeit in die Gegend lockten.

Im 2. Jahrhundert n. Chr. geriet die Ostalb in den Einflussbereich des Römischen Reiches. Heidenheim, in der Provinz Raetien gelegen, trug zu diesem Zeitpunkt den Namen „Aquileia" und war möglicherweise Hauptsitz einer Gebietskörperschaft – also entfernt vergleichbar mit einer heutigen Kreisstadt. Archäologische Funde aus der Epoche der römischen Besiedlung sind im Museum im Römerbad ausgestellt. Mit dem Einfall der Alamannen in der Mitte des 3. Jahrhunderts wurde die römische Herrschaft beendet. Im 5. Jahrhundert begannen die Alamannen, sich in Heidenheim anzusiedeln – unter anderem in der Gegend des Totenbergs.

29.1 Einer der letzten sichtbaren Reste der Heidenheimer Stadtmauer: das „Türmle".

29.2 Die Voith-Siedlung im Osten der Stadt entstand Anfang des 20. Jahrhunderts für die Mitarbeiter der gleichnamigen Firma.

**Schlossbau und Stadtrecht:
Heidenheim wächst**

Im 12. Jahrhundert wurde auf dem Hellenstein eine Burg gebaut. Am Fuß des Berges entstand eine mittelalterliche Siedlung, welche in das Befestigungssystem der Wehranlage auf dem Schlossfelsen eingebunden war. Eine Stadtmauer, zwischen 1190 und 1420 abschnittsweise errichtet, umgab die Siedlung. Vier Tortürme und sechs Mauertürme sicherten die Anlage. Von diesen sechs Mauertürmen ist nur noch einer übrig geblieben, das „Türmle" mit seinem frühneuzeitlichen Aufsatz in der Grabenstraße. Das erste Mal als „Stadt" erwähnt wurde Heidenheim offiziell im Jahr 1335. Die urkundliche Ersterwähnung des Marktrechts folgte 1356 durch Kaiser Karl IV. In den Jahren zwischen 1448 und 1536 erfuhr Heidenheim einen ständigen Besitzerwechsel. Zwischen 1448 und 1450 gehörte die Stadt erstmals zur Grafschaft Württemberg, wurde dann an Bayern verkauft, war von 1504 bis 1519 wieder württembergisch, von 1521 bis 1536 Ulm zugehörig – und blieb danach endgültig württembergisch. Heidenheim bestand in der zweiten Hälfte des 15. Jahrhunderts aus 70 Häusern.

Im Norden und Osten wuchsen die Obere und Mittlere Vorstadt, zwischen 1602 und 1604 kamen die ersten Häuser der Unteren Vorstadt – die Webersiedlung – dazu. 1511 verlieh Herzog Ulrich von Württemberg der Stadt das Recht, Bohn- und Stuferze abzubauen sowie Eisenschmieden an der Brenz zu errichten. Die Schmelzofenvorstadt entstand. Der prosperierenden Stadtentwicklung setzte der Dreißigjährige Krieg zunächst ein Ende. Hatte Heidenheim im Jahre 1618 noch etwa 1.000 Bewohner, so waren es 1648 nur noch halb so viele. In den Jahren danach nahm die Bevölkerungszahl kontinuierlich wieder zu. Der Boden der Schwäbischen Alb war nicht der fruchtbarste. „Viele Steine gab's, aber wenig Brot", belegen historische Quellen. Gerade mal die genügsamen Schafe konnten hier weiden. Deshalb erlangte Heidenheim nach 1700 als regionales Zentrum der Wanderschäferei Bedeutung. Aber die Blütezeit der Stadt sollte noch kommen.

30.1 Schau Schau: Ein Großereignis der modernen Stadtentwicklung ist die Landesgartenschau im Jahr 2006. Ganz Heidenheim schwebt auf Wolke sieben.

32.1 Ein Stück Industriegeschichte: das ehemalige Maschinenhaus auf dem Gelände der Württembergischen Cattun-Manufaktur.

33.1 Im einstigen Stoffballenlager der WCM befindet sich heute eine Werbeagentur.

**Flachs, Fluss und Fleiß:
Textilunternehmen schießen aus
dem Boden**

Mit der Industrialisierung folgte ein rascher Aufschwung zum Wirtschaftszentrum. Der in der Gegend angebaute Flachs eignete sich hervorragend für die Leinwandherstellung und den Leinwandhandel. Bereits 1774 hatte sich in Heidenheim die Firma Meebold, Hartenstein & Co. angesiedelt. Eigentümer war Johann Christian Meebold. Dessen Sohn Johann Gottlieb erwarb in den 1820er und 30er Jahren in England 20 mechanische Webstühle und ließ sie kopieren.

Die Brenz trug wesentlich zur industriellen Entwicklung des Unternehmens bei. Doch bald schon reichte die Wasserkraft nicht mehr aus, um die wachsende Zahl der neuen Maschinen zu bewegen. Neue Antriebsmöglichkeiten mussten her. Die Lösung kam auch diesmal aus England: in Form von Dampfmaschinen. Meebold holte die erste 1839/40 ins Königreich Württemberg und ebnete damit im Jahre 1856 den Weg für die Gründung der Württembergischen Cattun-Manufaktur. Diese Fabrik machte sich als Hersteller von Druckstoffen und Druckmaschinen einen Namen, Heidenheim erhielt den Beinamen „Schwäbisches Manchester". Um 1900 zählte die WCM bereits mehr als 1.000 Beschäftigte.

Das Beispiel der WCM steht nicht allein. Denn in Heidenheim setzte ein regelrechter Textil-Boom ein. Unternehmen wie Hartmann, Zoeppritz und Ploucquet wurden gegründet.
Zoeppritz in Mergelstetten entwickelte sich Anfang des 20. Jahrhunderts zum führenden Wolldecken- und Hausschuhhersteller in Europa. Im Zusammenhang mit Zoeppritz wird folgende Anekdote erzählt: Auf der Jungfernfahrt des Luftschiffes „Graf Zeppelin" von Friedrichshafen nach New York im Jahre 1928 entdeckte man ein kleines Leck im Rumpf, das mit einer Wolldecke von Zoeppritz ausgestopft wurde – die „Graf Zeppelin" kam wohlbehalten in Amerika an.

Ein anderes Heidenheimer Textilunternehmen wurde im Jahr 1867 gegründet: Paul Hartmann – Bleiche, Färbereigeschäft und Appreturanstalt. Heute ist die Paul Hartmann AG einer der Weltmarktführer von Verbandsstoffen. Und das Unternehmen Ploucquet hat seinen Ursprung in einem kleinen Gemischtwarengeschäft, das Christoph Friedrich Ploucquet 1806 erwarb. Heute gehört die Firma zu einem der führenden Spezialisten für Textilveredelung in Europa.

34.1 Blick vom Schloss: Von hier oben ist am besten ersichtlich, wie Architektur und Natur miteinander verwoben sind.

34.2 Einer der ganz Großen der Stadt: Johann Matthäus Voith legte im 19. Jahrhundert den Grundstein für ein Weltunternehmen.

Papiermaschinen, Armaturen und Zigarren: Der Sprung zur Industriestadt

Zu Beginn der Industrialisierung bildeten Textilunternehmen noch das Monopol in Heidenheim. Das änderte sich mit der Gründung der Firma Voith im Jahre 1867. Eine bahnbrechende Erfindung gab dafür den Ausschlag: der erste Papierschleifer, den der Papierfabrikant Heinrich Voelter und der Schlosser Johann Matthäus Voith konstruiert hatten. Mit diesem wurde Papier aus Holzfasern produziert – und nicht, wie vorher, aus Hadern (Lumpen). Voelter und Voith legten damit den Grundstein für die industrielle Herstellung von Papier. Die Voith AG ist heute ein weltmarktführender Systemlieferant im Bereich Papiermaschinen, Wasserturbinen, Antriebs- und Schiffstechnik sowie Industriedienstleistungen. Neben der Textil- und Maschinenbauindustrie entstanden in Heidenheim um 1900 das erste Elektrizitätswerk und die erste Gasanstalt – in der heutigen Oststadt. Nennenswert sind zudem die Armaturenfabrik Waldenmaier und die Firma Oberhofer, die das erste Patent für endloses Drahtgewebe erhielt. Darüber hinaus boomte Anfang der 30er Jahre die Zigarrenindustrie. Über die Stadtgrenzen hinaus bekannt wurde die Marke „Weiße Eule", die die Firma Zigarren-Schäfer herstellte. Die Wirtschaft entwickelte sich stürmisch. Durch Unternehmergeist, Fleiß und schwäbische Findigkeit gelang Heidenheim der Sprung zur Industriestadt. Am rasanten wirtschaftlichen Wachstum in der Zeit nach 1860 hatte auch die Eisenbahn ihren Anteil. Der Bau der Strecke Aalen–Heidenheim, die im Jahre 1864 eröffnet wurde, war ein Meilenstein in der industriellen Entwicklung.

Aber auch die kulturelle Infrastruktur der Stadt boomte bis zum Zweiten Weltkrieg. Ende des 19. Jahrhunderts wurde die Pauluskirche gebaut, 1904 das Volksbad eröffnet, 1914 das Konzerthaus eingeweiht, 1924 das Naturtheater errichtet. Und Heidenheim wuchs – in Fläche und Einwohnerzahl. 1910 erfolgte die Eingemeindung von Schnaitheim/Aufhausen, 1937 die von Mergelstetten. Leider machte der Nazi-Terror auch vor Heidenheim nicht Halt. Obwohl die Stadt von Kriegszerstörungen fast vollständig verschont blieb, haben sich Diktatur und menschliches Leid auslöschlich in die Köpfe von Zeitzeugen eingebrannt.

Bauboom und Neugestaltung:
Von der Nachkriegszeit bis heute

In der Nachkriegszeit beeinflussten sich Zuwanderung und wirtschaftliches Wachstum gegenseitig. Die Einwohnerzahl Heidenheims stieg rasant um mehrere Tausend an. Die Kapazitäten des vorhandenen Wohnraums erwiesen sich bald als ausgeschöpft. Deshalb setzte in den 50er und 60er Jahren ein regelrechter Bauboom ein. Neue Stadtviertel entstanden, Nachbardörfer wurden eingemeindet – 1971 Oggenhausen; 1974 folgten Großkuchen, Kleinkuchen, Nietheim und Rotensohl.

Die wirtschaftliche Prosperität der Stadt in der Nachkriegszeit resultierte nicht nur in der Schaffung zahlreicher neuer Arbeitsplätze und in der Mehrung des privaten Wohlstands – sie bildete auch die Basis für die Entwicklung Heidenheims zur Bildungs- und Freizeitstadt. So wurden in der Zeit bis 1980 das Waldbad (1954), das Werkgymnasium (1971), das neue Rathaus (1972) und das Krankenhaus (1973) gebaut. Die Jahre danach waren vor allem durch die Innenstadterneuerung geprägt; das historische Erbe Heidenheims wurde wiederentdeckt und konnte zum Teil gerettet werden. Die Stadt besann sich der Pflege ihrer Wurzeln – und ließ daraus neue Zweige treiben. Auch in Sachen Infrastruktur machte Heidenheim einen gewaltigen Satz nach vorn. Mit dem letzten Teilstück der A7 zwischen Feuchtwangen und Heidenheim, das 1987 in Betrieb genommen wurde, gewann Heidenheim den Anschluss an Deutschlands längste Autobahn.

35.1 Ein ländliches Stück Heidenheim: Der Stadtteil Großkuchen.

35.2 Geselliges Beisammensein: In den Straßencafés herrscht im Sommer immer Hochbetrieb.

„Neubau" und „Zusammenschluss" praktizierte Heidenheim jedoch nicht nur in Sachen Wohnraum, sondern auch in ideeller Hinsicht. Seit den 50er Jahren sind zahlreiche Städtepartnerschaften initiiert worden – und die werden mit Leib und Seele gelebt und aufrechterhalten. Heidenheim pflegt einen regen politisch-kulturellen Austausch mit Clichy, Frankreich (seit 1958), St. Pölten, Österreich (seit 1968), Newport, Wales (seit 1981), Sisak, Kroatien (seit 1988), Döbeln, Sachsen (seit 1991), Jihlava, Tschechien (seit 2002) und Quianjiang, China (seit 1994).

Die Landesgartenschau im Jahr 2006 ist als einer der Höhepunkte in der modernen Stadtentwicklung zu sehen. Mit diesem Ereignis verbunden: eine Neugestaltung des Brenzparks von Schnaitheim bis ins Zentrum sowie eine umfassende Sanierung der Innenstadt und ihrer Straßen, Wege und Plätze. Heidenheim ist im wahrsten Sinne des Wortes zur „Ostalb-Metropole" aufgeblüht. Eine Stadt des 21. Jahrhunderts, in der die technische und soziale Infrastruktur intakt ist. Eine Stadt, die einen hohen Wohn- und Freizeitwert bietet und in der Unternehmen gern ihren Sitz haben. Weil sich die Menschen hier wohl fühlen.

36.1 Ein beliebtes Fotomotiv auf dem Schloss: Wahrscheinlich hat fast jeder Heidenheimer als Kind schon auf der Kanone gesessen.

Bodenständig zu neuen Ufern:
Das Glück des Tüchtigen

„Wissenschaft und Wirtschaft müssen
Hand in Hand Fortschritt produzieren."
(Dr. Michael Rogowski)

Schwaben und Schaffen – zwei Begriffe, die oftmals in einem Atemzug genannt werden, auch überregional. Die Schwaben seien mit einem Tüftler-Gen ausgestattet, so heißt es gar. Weltkonzerne wie Bosch, DaimlerChrysler, Porsche oder IBM haben ihre Wurzeln im Land. „Ein Schwabe schafft immer, auch wenn er nichts tut, dann schafft's in ihm …", sagte einst treffend der Architekt und Autor Max Bächer. Sie sind unermüdlich, die Schwaben – technikbegeistert und ständig auf der Suche nach der perfekten Lösung. Eigenschaften, die dazu geführt haben, dass auch eine im weltweiten Standortwettbewerb vergleichsweise kleine Stadt wie Heidenheim mit zahlreichen internationalen Unternehmen aufwarten kann.

Betriebe, die mehr als 500 Mitarbeiter beschäftigen, muss man nicht lange suchen. Heidenheim ist der Wirtschaftsstandort Nummer eins auf der Ostalb und eines der führenden Industriezentren Baden-Württembergs. Beachtlich: Die Stadt weist die dritthöchste Patentdichte Deutschlands auf. Weltunternehmen wie Voith, Hartmann, Edelmann und Ploucquet haben Heidenheim über viele Jahrzehnte hinweg geprägt und die Arbeitsplätze ganzer Generationen gesichert. Nicht selten trifft man hier auf Familien, in denen schon der Großvater im gleichen Betrieb „geschafft" hat. Heidenheims große Unternehmen setzen auf Tradition und Fortschritt gleichermaßen. Hundertprozentig auch ein Grund für den internationalen Erfolg Heidenheimer Produkte. Neben den großen Unternehmen haben sich in Heidenheim mehrere hundert kleine und mittelständische Firmen niedergelassen. Die Wirtschaftskraft der Stadt kommt nicht von ungefähr. Sie hat sich aus dem Fleiß, der Tüchtigkeit und Zähigkeit eines besonderen Menschenschlags entwickelt, der hier auf der Schwäbischen Alb zu Hause ist.

39.1 Eine runde Sache – das Stadtbild Heidenheims aus einer ungewöhnlichen Perspektive.

Jeden Tag ein neues Patent: Bei Voith im „Paper Valley" hat die Zukunft schon begonnen

Voith ist mit über 4.000 Beschäftigten an seinem Unternehmensstammsitz der größte Arbeitgeber in Heidenheim. Das Unternehmen hat sich in den Märkten Papier, Energie, Mobilität und Service international einen Namen gemacht. Papiermaschinen von Voith sind die schnellsten und größten der Welt. Mit Geschwindigkeiten von mehr als 120 Stundenkilometern rasen die fertigen Papierbahnen aus den bis zu 200 Meter langen und 11 Meter breiten Anlagen. Pro Tag kommen so fast 3.000 Kilometer Papier zusammen. Mit der Tagesproduktion einer großen Papiermaschine könnte man eine Autobahn von Heidenheim bis zu den Pyramiden von Gizeh „tapezieren". Jedes dritte Blatt Papier, das weltweit im Umlauf ist, wurde auf einer Voith-Papiermaschine hergestellt.

Der zweite Markt, in dem Voith tätig ist: Energie. Ein Drittel der weltweit produzierten Energie aus Wasserkraft wird durch Turbinen und Generatoren von Voith Siemens Hydro Power Generation gewonnen. Sie kommen in Wasserkraftwerken wie beispielsweise dem Drei-Schluchten-Staudamm in China zum Einsatz. Diese Anlage wird Strom für 85 Millionen Menschen liefern. Und in Gas-, Dampf-, Kohle- und Kernkraftwerken überall auf der Welt sichern Voith Turbo-Komponenten, wie Drehmomentwandler und Regelkupplungen die Versorgung mit Energie.

Der dritte Markt: Mobilität. Antriebs- und Bremssysteme von Voith Turbo stellen sicher, dass Millionen Reisende in aller Welt sowie Waren und Güter jeglicher Art schnell und zuverlässig ans Ziel kommen. Voith Retarder bremsen Busse und LKW wirkungsvoll und verschleißfrei ab; 275.000 Stück sind davon bereits weltweit im Einsatz. Und in Straßenbahnen, Hochgeschwindigkeitszügen und U-Bahnen gewährleisten Voith-Komponenten Laufruhe, Zuverlässigkeit, Sicherheit und Wirtschaftlichkeit. Die Wendigkeit von Schiffen mit Voith Schneider® Propellern ist unübertroffen.
Darüber hinaus sorgt Antriebstechnik von Voith Turbo in industriellen Anwendungen für Bewegung. Gelenkwellen, die riesige Walzstraßen antreiben. Kupplungen, die unvorstellbare Kräfte verbinden und bändigen. Nur zwei von zahllosen weiteren Beispielen.
Der jüngste Markt von Voith: Service. Hier übernimmt Voith Industrial Services branchenübergreifende Industriedienstleistungen, von Gebäude- und Anlagendiensten über Wartung und Instandhaltung bis hin zur technischen Reinigung.

Voith hat immer wieder Technikgeschichte geschrieben. Und der Ursprung all dessen liegt in Heidenheim. Der schwäbische Tüftlergeist hat in den vergangenen 150 Jahren ganze Arbeit geleistet. Voith wurde offiziell 1867 als Industrieunternehmen gegründet. Dabei stand am Anfang eine ganz normale kleine Werkstatt in der heutigen Fußgängerzone – die des Schlossers Johann Matthäus Voith. Die Erkenntnis, dass sich Holzfasern zur Erzeugung von Papier verwenden lassen, ließ den Heidenheimer Handwerker nicht ruhen. Voiths 1852 konstruierter Holzschleifer war der wesentliche Schritt, der die industrielle Massenherstellung von Papier ermöglichte. Bereits 1869 wurde er patentiert.

40.1 Hier, im Paper Technology Center von Voith, schlägt das Herz des „Paper Valley".

40.2 Numerische Strömungssimulation in 3-D bei Voith Siemens Hydro Power Generation.

41.1 Spiegelungen in Voith-Blau. Der Stammsitz des Unternehmens befindet sich seit seiner Gründung in Heidenheim.

41.2, 41.3 Blick in die Fertigung von Voith Turbo und Voith Paper. Hier werden Powerpacks und der Stoffauflauf für Papiermaschinen hergestellt.

Friedrich Voith setzte die Arbeit seines Vaters fort. Mit dem Turbinenbau erschloss er ein zweites Geschäftsfeld für Voith und trieb gleichzeitig die Weiterentwicklung des Papiermaschinenbaus voran. Legendär sind die Turbinen für ein Wasserkraftwerk an den Niagarafällen zu Beginn des vergangenen Jahrhunderts. Diese damals größten Turbinen der Welt arbeiten heute noch. Der Beginn eines beispiellosen weltweiten Aufstiegs. In den folgenden Jahren und Jahrzehnten wurden weitere Geschäftsfelder erschlossen und neue Niederlassungen gegründet. Heute hat Voith über 200 Standorte rund um den Globus. Pioniergeist und Innovationskraft haben das Unternehmen von Anfang an geprägt. Durch die Unermüdlichkeit und den Forschungsdrang ganzer Ingenieurgenerationen sind Produkte entstanden, die immer wieder neue Maßstäbe setzen. Am Stammsitz in Heidenheim wird heute schon an den Produkten von morgen gearbeitet. Forschung und Entwicklung haben bei Voith einen hohen Stellenwert. Dies zeigt sich am Paper Technology Center – das modernste Papierforschungszentrum der Welt. Es beleuchtet sämtliche Prozesse des Papiermachens – von der Faser bis zum fertigen Papier. Eine Investition in die Zukunft des Standorts. Seit fast 100 Jahren werden in der Versuchsanstalt „Brunnenmühle" Turbinen entwickelt und verbessert. Und auch bei Voith Turbo in Heidenheim wird in guter schwäbischer Tradition getüftelt und erfunden. Doch in der Forschung und Entwicklung sind längst nicht mehr nur Schwaben am Werk, sondern Menschen aus aller Welt. Menschen, die sich für Technik begeistern und die Zukunft in diesen Märkten aktiv mitgestalten wollen. Heute hat der Voith-Konzern weltweit 30.000 Beschäftigte und hält über 7.000 aktive Patente. Im Durchschnitt kommt jeden Tag ein neues dazu.

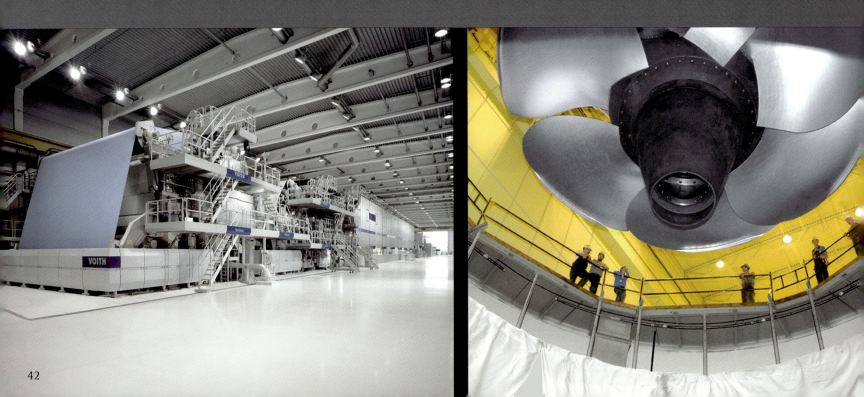

Die Nummer eins in der Wundbehandlung: Hartmann verbindet

Zweitgrößter Arbeitgeber in Heidenheim ist die Paul Hartmann AG. Das Unternehmen produziert eine breite Palette an Medizin- und Hygieneprodukten. Jeder dritte Verbandkasten für Autos kommt von Hartmann. Pflaster, Binden und Tupfer sind weitere Beispiele aus dem medizinischen Bereich. Hartmann gehört, ebenso wie Voith, zu den Pionieren der Industrie in Heidenheim. Den Grundstein für das heutige Unternehmen legte

Als Meilenstein in der Unternehmensentwicklung gelten die Erfindungen zweier Männer, die Paul Hartmann zugute kamen. Der eine, ein schottischer Chirurg namens Joseph Lister, entwickelte erstmals einen antiseptischen Verband, der die gefürchteten Wundinfektionen bei Operationen eindämmte. Ein zweiter Wegbereiter war der Tübinger Chirurg Victor von Bruns. Er entfernte die störende Fettschicht auf der

Für den Erste-Hilfe-Bereich stellt Hartmann eine Vielzahl von Produkten her, wie Wundpflaster, Heftpflaster, Verbandpäckchen und Fixierbinden. Im therapeutischen Bereich sorgen verschiedenste Binden und Verbände für Stützung und Entlastung; im Geschäftsfeld Risikoprävention gewährleisten Einwegprodukte für den Operationssaal, wie OP-Kleidung, -Abdeckungen und -Handschuhe von Hartmann Sicherheit

 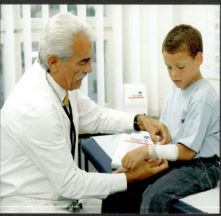 

Ludwig Hartmann 1818 – eher unbeabsichtigt. Seine Firma, eine Baumwollspinnerei, fertigte zum damaligen Zeitpunkt Kappen, Strümpfe und Schnupftücher. 1843 übergab er den Betrieb seinen Söhnen. Der jüngste, Paul Hartmann, wollte lieber eigene Wege gehen und gründete 1867 ein eigenes Unternehmen; die Firma Paul Hartmann – Bleiche, Färbereigeschäft und Appreturanstalt. Die neue Textilfabrik war bereits in den ersten Jahren sehr erfolgreich.

Baumwolle und stellte gut saugende, hygienische Verbandwatte her. Beide Erfindungen zusammen erwiesen sich für Paul Hartmann als bahnbrechend. Ab 1873 produzierte er Verbandwatte und verschiedene, damals neuartige Verbandstoffe auf Mullbasis, wie zum Beispiel Karbolgaze. Hartmann und seine Söhne arbeiteten eng mit Medizinern und Wissenschaftlern zusammen und konnten so ihre Produktionstechniken maßgeblich verbessern. Das Unternehmen entwickelte sich zum Spezialisten für Wundbehandlung und hält heute das wohl breiteste Sortiment an Wundauflagen bereit – weltweit.

und Sterilität bei chirurgischen Eingriffen. Im Pflegebereich bilden Inkontinenzprodukte sowie ein breites Angebot an Produkten für die Personal- und Patientenhygiene einen weiteren Schwerpunkt im Hartmann-Sortiment. Mehr als 9.000 Beschäftigte in 34 Ländern machen Hartmann zum kompetenten Partner für professionelle Anwender in Medizin und Pflege. Die Standorte Heidenheim und Herbrechtingen haben zusammen 1.600 Beschäftigte.

44.1–44.3
Hartmann bietet Produkte und Dienstleistungen in den Sortimentsbereichen OP-Risikoschutz, Wundbehandlung und Inkontinenzhygiene an.

45.1 Entlang der Brenz, wo Paul Hartmann 1867 die „Scheckenbleiche" erwarb, hat sich das Unternehmen im Laufe der Zeit ausgebreitet. Neben Produktions- und Lagergebäuden befindet sich dort auch heute noch die Hauptverwaltung des international tätigen Konzerns.

45.2 In Herbrechtingen werden Inkontinenzprodukte auf der Basis von Zellulose hergestellt.

Ausgezeichnet verpackt:
Edelmann spricht an

Kosmetik, Süßwaren und Zigaretten gekonnt in Szene setzen. Pharmazeutische Produkte sicher verschließen. Dies alles bedarf optimaler Verpackungen. Edelmann macht sie. Das Unternehmen bietet innovative Lösungen rund um die Faltschachtel – mit einem Wort: High Q Packaging. In Heidenheim ist der Hauptsitz der Carl Edelmann GmbH & Co. KG angesiedelt. Darüber hinaus verfügt das Unternehmen über sieben Werke und elf Verkaufsniederlassungen in ganz Europa. Allein in Deutschland hat Edelmann neben Heidenheim vier weitere Standorte: in Weilheim, Wuppertal, Norderstedt und Bitterfeld. Ein Drittel des Gesamtumsatzes erwirtschaftet die Unternehmensgruppe im Ausland. Edelmann wurde 1913 gegründet und beschäftigt heute in Heidenheim ca. 650 Mitarbeiter.

Namhafte Markenhersteller aus aller Welt setzen auf das gewaltige Leistungsspektrum des Familienunternehmens. Angefangen bei der 2-D- und 3-D-Verpackungsentwicklung bis hin zur Bedruckung und Veredelung – Edelmann bietet seinen Kunden alles aus einer Hand. In der Faltschachtelherstellung für die Pharmaindustrie ist das Unternehmen Marktführer in Deutschland. Und in der Kosmetik-, Süßwaren- und Zigarettenindustrie ist der Name Edelmann Programm. Exklusive Verpackungen mit Glanz- und Metalleffekten und in ausgefallenem Design machen Luxusartikel noch luxuriöser – eben edel. Die Ausrichter nationaler und internationaler Designwettbewerbe sehen das genauso. Faltschachteln von Edelmann erhalten seit Jahrzehnten Auszeichnungen in unterschiedlichen Kategorien.

46.1, 46.2 Arbeiten in attraktiver Umgebung: Der Firmenstammsitz in Heidenheim hat ca. 650 Beschäftigte.

47.1 Die ganze Vielfalt der Verpackung: von Kosmetik über pharmazeutische Produkte bis hin zu Zigaretten.

47.2–47.7 Moderne Kunst in 3-D: Edelmann steht für hochwertige Lösungen rund um die Faltschachtel.

47.8 Der Drucksaal im Werk 2 verfügt über mehr als 20 Produktionslinien.

Gut gebaut: mit Schwenk Zement

Seit 1847 assoziiert man den Namen Schwenk mit Zement. Das Hauptwerk des Unternehmens befindet sich in Söflingen, eines der Zweigwerke seit 1901 im Heidenheimer Stadtteil Mergelstetten. Es lag nahe, hier in der bedeutendsten Industriestadt der Ostalb einen Standort zu errichten und als Zulieferer für den boomenden Werkshallen- und Wohnungsbau zu arbeiten.
Auch wenn die Grundstoffe für die Zementherstellung – Kalkstein und Tonmergel – die gleichen geblieben sind: An der Herstellungstechnik hat sich in den vergangenen Jahren einiges geändert. Modernste Filteranlagen, geräuschreduzierte Produktionsverfahren, umweltfreundliche Logistiksysteme und die Wiederverwertung von Rohstoffen zeichnen das Unternehmen Schwenk Zement am Standort Heidenheim-Mergelstetten heute aus.

**Heiß und kalt:
Ploucquet veredelt Textilien**

Als während der Zeit der Industrialisierung in Heidenheim die Entwicklung von Textilfabriken boomte, entstand auch das Unternehmen Ploucquet. Den Grundstein legte Christoph Friedrich Ploucquet mit einem kleinen Gemischtwarengeschäft. Vom Handel mit Textilien entwickelte sich das Unternehmen zu einem der führenden Spezialisten der Textilveredelung in Europa. Heute stellt die C.F. Ploucquet GmbH & Co. KG anspruchsvolle Produkte auf der Basis von Geweben, Gewirken und Vliesstoffen für die Bekleidungsbranche und andere Industriezweige her.

Marken wie Sympatex sind jedem ein Begriff, der einen Großteil seiner Freizeit in der Natur verbringt. Ein anderer Unternehmensbereich produziert wetterfeste sowie kälte-, hitze- und brandsichere Arbeits- und Berufskleidung. Spezielle Hygienetextilien schützen Allergiker sowie Patienten im Krankenhaus. Darüber hinaus hat sich Ploucquet mit technischen Textilien einen Namen gemacht, beispielsweise im Kraftfahrzeugbau.

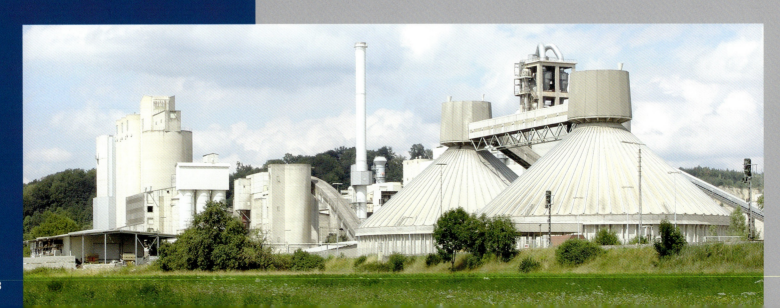

Ein hoheitliches Getränk: Königsbräu – Krone der Bierkultur

Im Heidenheimer Ortsteil Oggenhausen wird seit sechs Generationen Bier gebraut. Ein hoheitliches Bier, im wahrsten Sinne des Wortes. Königsbräu. Im Raum Heidenheim, Dillingen, Aalen, Stuttgart und Reutlingen findet sich überall ein Gasthaus, in dem das Oggenhauser Bier gezapft wird. Die Brauerei wurde vor über 300 Jahren gegründet und 1827 von König Wilhelm I. von Württemberg an die ortsansässige Familie Majer übergeben. In deren Besitz befindet sie sich noch heute. Die Königskrone ziert jedes Fass und jede Flasche. Gebraut wird nach traditionellem Verfahren in großen Kupferkesseln. Gleichzeitig wird das Unternehmen höchsten ökologischen Anforderungen gerecht. Eine Abfüllung in Fässern und Glasmehrwegflaschen ist ebenso selbstverständlich wie die Verwendung PVC-freier Kronkorken und schwermetallfreier Etikettenfarben. Die Brauerei versteht sich als Unternehmen aus der Region für die Region. Braugerste und Brauweizen stammen von der Schwäbischen Alb, das Brauwasser aus den Tiefen des Egautals, die Bierhefe aus eigener Reinzucht.

48.1 Seit 1901 fester Bestandteil der Heidenheimer Wirtschaft – das Zementwerk Schwenk im Stadtteil Mergelstetten.

49.1 Hopfen und Malz – Gott erhalt´s: Eine königliche Aufgabe kommt den Bierbrauern in Oggenhausen zu. Seit über 300 Jahren wird hier nach traditionellem Verfahren Bier gebraut.

Super Service – von der Stadt, für die Stadt

Alle Heidenheimer Unternehmen aufzuzählen, würde ein eigenes Buch füllen. Deshalb seien stellvertretend für insgesamt 470 kleine und mittelständische Betriebe der elektronische Bauelemente-Produzent Epcos, der Armaturenhersteller Erhard und der Walzenbeschichter Stowe Woodward genannt.
Die Industrie in ihren zahlreichen Facetten dominiert Heidenheim ganz klar. Doch ohne den Handel und die vielen Dienstleistungsunternehmen der Stadt würde sie nicht funktionieren.
Die SCHLOSS ARKADEN, zahlreiche Geschäfte in der Innenstadt und die Gewerbegebiete in Schnaitheim binden einen Großteil der Kaufkraft aus dem Einzugsbereich.
Zu den größten Dienstleistern der Stadt zählen die Stadtwerke, die GBH, die Heidenheimer Volksbank und die Kreissparkasse.
Bedeutendster Arbeitgeber im Gesundheitsbereich ist das Klinikum Heidenheim mit 1.520 Beschäftigten. Die 15 Fachabteilungen haben sich über die Stadtgrenzen hinaus einen ausgezeichneten Ruf erworben. Ein Schwerpunkt liegt auf der Onkologie. Unweit des Schlosses gelegen und von Wald umgeben, bietet auch das Ambiente des Klinikums beste Voraussetzungen zur schnellen Genesung.

50.1 Die Volksbank zählt zu den größten Dienstleistern der Stadt.

50.2 In der Villa Ebbinghaus hat die Grundstücks- und Baugesellschaft AG Heidenheim ihren Firmensitz.

51.1 Futuristischer Glasbau: das renovierte „Hallamt" der Kreissparkasse.

51.2 Gut aufgehoben fühlen sich Patienten im Klinikum Heidenheim, das mit ca. 1.520 Beschäftigten der größte Dienstleister der Stadt ist.

51.3 Ein Blickfang: Im blau gekachelten Geschäftsgebäude an der Ulmer Straße hat eine Patentanwaltskanzlei ihre Büroräume.

Der Spagat zwischen Tradition und Innovation

Heidenheim erfährt als Wirtschaftszentrum einen ungebrochenen Boom. Die traditionellen Unternehmen bauen ihre Produkt- und Dienstleistungspalette kontinuierlich aus; arbeiten zukunftsorientiert, ohne ihre Wurzeln zu vernachlässigen. Das Gleichgewicht zwischen Tradition und Innovation prägt viele Betriebe. Schwäbische Bodenständigkeit einerseits – Aufbruch zu neuen Ufern andererseits. Hier in Heidenheim funktioniert dieser Spagat perfekt. Ein weiteres Argument für den Standort ist die optimale Verkehrsanbindung. Die A 7, Deutschlands längste Autobahn, liegt direkt vor der Tür. Bis zum Flughafen Stuttgart sind es 80, bis zum Flughafen München 130 Kilometer. Und vom Heidenheimer Bahnhof fahren im Taktverkehr Züge zur ICE-Station Ulm und zur InterRegio-Station Aalen.

52.1 Stadtverkehr im Takt: Der zentrale Busbahnhof ist stark frequentiert.

Summa cum laude:
Spitzennoten für Bildung und Ausbildung

„Der Mensch ist, was er als Mensch sein soll, erst durch Bildung."
(Georg Friedrich Wilhelm Hegel)

Die Ingenieure und Wissenschaftler von morgen

32 Kindergärten, zwölf Grund- und Hauptschulen, zwei Realschulen, vier Gymnasien, drei berufliche Gymnasien, eine Musikschule, eine Berufsakademie. Heidenheim weist in Sachen Bildung eine stolze Bilanz auf. 7.600 Schüler und Studenten lernen hier; das ist ein Siebentel der Gesamtbevölkerung. Mit ihrer Abiturientendichte rangiert die Ostalbstadt bundesweit sogar auf Rang drei, in Baden-Württemberg an der Spitze. Verwunderlich ist das nicht. Schließlich hängen wirtschaftliches Wachstum und ein hohes Bildungsniveau eng zusammen. Und die Nachwuchsgewinnung bzw. -förderung ist in Heidenheim außerordentlich gut. Industrie und Bildungseinrichtungen arbeiten Hand in Hand. Oftmals werden Projekte zwischen Unternehmen und Schulen initiiert, um die Kinder und Jugendlichen schon frühzeitig mit der lokalen Wirtschaft bzw. mit späteren potenziellen Arbeitgebern vertraut zu machen. So entstehen Verbindungen, von denen beide Seiten langfristig profitieren.

Die enge Zusammenarbeit der Heidenheimer Bildungseinrichtungen mit der hiesigen Wirtschaft schlägt sich auch in der Fächer-Ausrichtung der einzelnen Schulen nieder. So ist beispielsweise das Max-Planck-Gymnasium rein mathematisch-naturwissenschaftlich orientiert – bei zweisprachigem Unterricht. Zudem können die Schüler hier ein Sportteilinternat besuchen, das an das Fechtzentrum Heidenheim – Bundesstützpunkt und Landesleistungszentrum – angegliedert ist. Ebenfalls mathematisch-naturwissenschaftlich ausgerichtet: das Werkgymnasium. Anfang der 70er Jahre gegründet, verbindet diese Ganztagsschule klassisch-theoretischen mit praxisbezogenem Unterricht. Das heißt: Die üblichen Fächer werden um Kurse mit Schwerpunkt Technik-Ingenieurwissenschaften, experimentelle Naturwissenschaften oder Medientechnik und Gestaltung ergänzt.
Darüber hinaus hat der begabte Nachwuchs in Heidenheim die Wahl zwischen zwei weiteren Gymnasien.

Das Hellenstein-Gymnasium ist die älteste Schule der Stadt. Seine Geschichte reicht bis ins Jahr 1500 zurück. Hier kann das Abitur auf klassischem Wege – mit sprachlicher oder naturwissenschaftlicher Vertiefungsrichtung – erworben werden. Die Besonderheit des Schiller-Gymnasiums: Es bietet sechs Alternativen, die zur allgemeinen Hochschulreife führen. Der Schwerpunkt liegt, je nach Interesse, auf Naturwissenschaften, Sprachen oder Musik.

55.1 Kleines Orchester: An der Musikschule gibt es Unterricht für alle Altersklassen – einzeln oder in der Gruppe – und auf verschiedenen Instrumenten.

55.3 Inmitten von Grün steht die Waldorfschule. Das Gebäude ohne rechten Winkel besitzt einen Konzertsaal mit beeindruckender Akustik.

55.2 Dank an Oberbürgermeister Bernhard Ilg für den Ausbau des Oggenhauser Kindergartens.

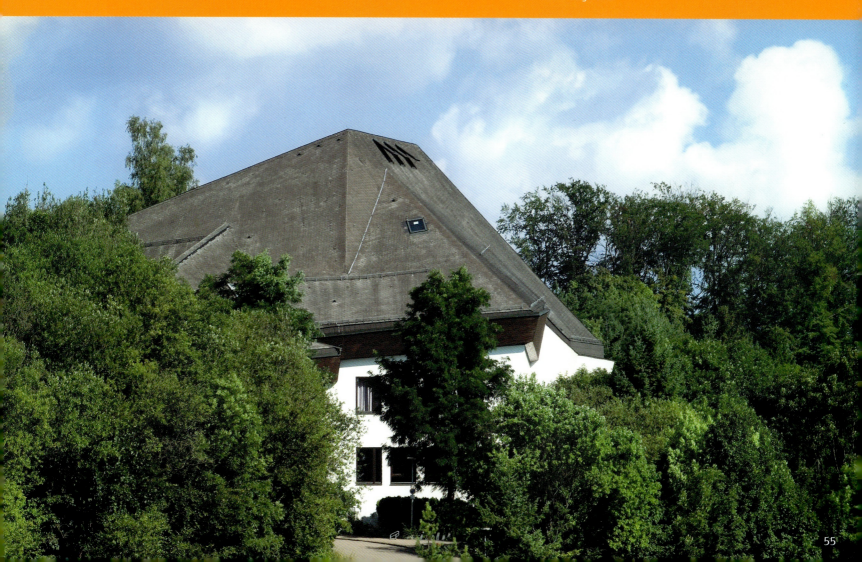

Lernen und Üben – Wissen und Können

Wer sich für den Realschulabschluss entscheidet, hat danach noch die Möglichkeit, an einem der berufsbildenden Gymnasien Heidenheims in drei Jahren das Abitur zu machen. Wirtschaftsgymnasium, Technisches Gymnasium und Ernährungswissenschaftliches Gymnasium bieten allen, die schon eine ungefähre Berufsidee haben, interessante Vertiefungsrichtungen.

Neben seinen staatlichen Schulen verfügt Heidenheim zudem über mehrere private Schulen: die Freie Waldorfschule, die Freie Evangelische Schule, die Kombrecht-Engel-Schule und das gemeinnützige Institut für Berufsbildung.

Die Städtische Musikschule bietet Unterricht auf nahezu allen Musikinstrumenten an und fördert sowohl die Früherziehung bei Kindern als auch die Grundausbildung von Jugendlichen und Erwachsenen. Und da gemeinsames Musizieren sich auch positiv auf andere Lebensbereiche niederschlägt, kommt dem Spielen im Ensemble eine ebenso große Bedeutung zu wie dem Einzelunterricht.

Das Ausbildungsangebot Heidenheims wird durch vier Förderschulen ergänzt, die mit ihren sonderpädagogischen Angeboten auch Kindern und Jugendlichen mit Handicaps eine individuelle und optimale Ausbildung ermöglichen. Volkshochschule und Seniorenbildung überzeugen durch ein breit gefächertes Angebot an Weiterbildungskursen in der Freizeit.

Zwischen Hörsaal und Labor: Berufsakademiker fahren zweigleisig

Theorieseminare verbunden mit praktischer Erfahrung in einem Unternehmen. Dafür steht die Berufsakademie (BA), die Studenten innerhalb von drei Jahren zum Diplom und parallel zum internationalen Bachelor-Abschluss führt. Die Berufsakademie Heidenheim bietet verschiedene Studiengänge in den Bereichen Wirtschaft, Technik und Sozialwesen an. Sie ist damit neben Stuttgart die einzige BA im Land mit allen drei Zweigen. Zahlreiche Unternehmen der Stadt beteiligen sich an diesem dualen Ausbildungssystem. Nicht selten bleiben BA-Studenten nach dem Studium in ihrem Betrieb „hängen". Auch in dieser Beziehung funktioniert also die Verbindung zwischen Wirtschaft und Bildungseinrichtungen optimal. Mehr als 1.200 Studenten sind derzeit an der Heidenheimer Berufsakademie eingeschrieben. Dabei ist das Verhältnis Männer zu Frauen nahezu ausgewogen. Die Studenten kommen aus ganz Deutschland, nicht wenige sogar aus dem Ausland. In Heidenheim finden sie ideale Bedingungen. Auch der städtische Wohnungsmarkt hat sich mittlerweile auf die Studenten eingestellt. Möblierte Apartments, WGs und Wohnheimplätze werden zu erschwinglichen Preisen angeboten. Die attraktive Kulturszene und das Sport- und Freizeitangebot der Stadt machen auch das Studentenleben außerhalb von Hörsaal und Labor abwechslungsreich und interessant.

**Optimal betreut:
Heidenheim ist ein Kinderparadies**

Von einem Mangel an Kindergartenplätzen, wie er anderswo in Deutschland beklagt wird, kann in Heidenheim nicht die Rede sein. Ganz im Gegenteil. Die Stadt ist nicht nur in Sachen Spielplatzangebot oder kulturelle Veranstaltungen äußerst kinderfreundlich. Karriere und Familie sind hier für berufstätige Eltern bestens miteinander vereinbar. Auch dies resultiert aus einer engen Verbindung der Wirtschaft zum gesamten Leben in der Stadt. Denn wer tagein, tagaus Spitzenprodukte und -technologie produziert wie die Heidenheimer, will seine Kinder gut aufgehoben und betreut wissen. Große Arbeitgeber wie Voith haben darauf reagiert und einen eigenen Betriebskindergarten gegründet. Zudem werden für die Mitarbeiter Wiedereinstiegsprogramme nach der Elternzeit angeboten.
Alles in allem haben Eltern in Heidenheim die Wahl zwischen fast drei Dutzend Kindergärten verschiedener Konfessionen, Ausrichtungen und Erziehungsschwerpunkte. Ein Vorbild – sowohl landes- als auch bundesweit.

60.1 Sandeln und Plantschen mitten in der Stadt – wenn das nicht aufregend ist! Egal, ob man anweist, zuschaut oder selbst den Eimer füllt.

Alte Römer, Picassos Toros und überdimensionale Rednerpulte

„Kunst wäscht den Staub des Alltags von der Seele."
(Pablo Picasso)

Wer denkt: Industriestadt und Kunst – das passt nicht zusammen, der irrt. Heidenheims Landschaft an Museen und Galerien ist zwar überschaubar, aber dafür einzigartig. Zudem locken regelmäßig stattfindende Veranstaltungen, wie das Bildhauersymposion oder die WCM Open, Künstler und Gäste aus der ganzen Welt an.

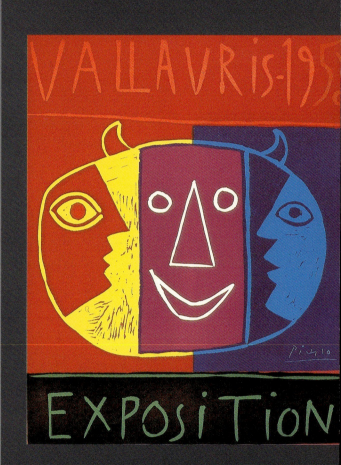

Stadtgeschichte, Spielzeug und Exotisches – im Museum Schloss Hellenstein

62.1 *Einzigartige Sammlung: Im Kunstmuseum sind mehr als 600 Plakate und 140 Druckgrafiken von Pablo Picasso ausgestellt.*

63.1 *Plastiken und Gemälde der Spätgotik und des Barock – zu sehen auf dem Schlossgelände.*

Schloss Hellenstein allein birgt zwei Museen in seinen Mauern. Das Museum Schloss Hellenstein verfügt über einen umfangreichen Fundus verschiedener Sammlungen. Mit einer „Ausstellung von Altertümern" im Jahre 1901 fing alles an. Professor Eugen Gaus, Lehrer und Heimatforscher, hatte damals den Altertumsverein Heidenheim gegründet. In den Folgejahren wurde die Sammlung ständig erweitert und aktualisiert. 1993 übergab der Heimat- und Altertumsverein Heidenheim die Museumsträgerschaft an die Stadt. Heute ist das Museum Schloss Hellenstein in mehrere Bereiche gegliedert. In der Ausstellung zur Ur- und Frühgeschichte der Stadt werden Fundstücke von der mittleren Altsteinzeit bis zum 7. Jahrhundert n. Chr. gezeigt. Neben frühkeltischen Keramikgefäßen finden sich hier zum Beispiel eiserne Waffenreste und Schmuckstücke der Alamannen. Eine zweite Sammlung gibt Einblick in die Heidenheimer Stadtgeschichte des 18. und 19. Jahrhunderts. Ausstellungsstücke vom Bügeleisen bis zur Zinnkanne lassen den Besucher das Alltagsleben dieser Zeit plastisch nachempfinden. Die Stadtentwicklung wird anhand historischer Zeichnungen, Gemälde und Landkarten veranschaulicht. Werke von Heidenheimer Künstlern sowie Künstlern der Region aus dieser Epoche runden diesen Teil der Ausstellung ab.

Eine andere Abteilung des Museums widmet sich der Thematik „Altes Spielzeug". Puppen, Puppenstuben, ein Kaufladen und ein Papiertheater zeigen einen Ausschnitt aus der bürgerlichen Kinderwelt in Deutschland zwischen 1880 und 1950.

Den exotischen Part der Schloss-Ausstellungen bildet die „Indische Sammlung" von Alfred Meebold (1863–1952). Der Sohn eines Heidenheimer Fabrikanten bereiste zu Beginn des 20. Jahrhunderts fünfmal den indischen Subkontinent. Eine Vielzahl seiner Souvenire stiftete er 1934 dem Heimat- und Altertumsverein. Die meisten Ausstellungsstücke stammen aus der tibetischen Himalaya-Region, aus Nordindien und aus Burma, so etwa Buddhafiguren, Göttermasken, Schmuck und verschiedene Gefäße.

In der Schlosskirche wird die Thea-Voith-Sammlung präsentiert: Plastiken und Gemälde der Spätgotik und des Barock aus Süddeutschland und Österreich. Zudem finden hier regelmäßig Vokal- und Instrumentalkonzerte statt. Neben den Dauerausstellungen organisiert das Museum Schloss Hellenstein auch zahlreiche Sonderausstellungen.

64.1 Nur zwei von 80 verschiedenen Fahrzeugen des 18.–20. Jahrhunderts, die im Museum für Kutschen, Chaisen und Karren zu bestaunen sind.

65.1 Auf den Spuren der Römer – gut erhaltene Mauerreste, fein ausgearbeitete Skulpturen. Zu sehen im Museum im Römerbad.

Geräderte Fortbewegung – im Museum für Kutschen, Chaisen und Karren

Im ehemaligen Getreidespeicher oder Fruchtkasten ist das Museum für Kutschen, Chaisen und Karren untergebracht. Auf vier Etagen wird die Geschichte des südwestdeutschen Landverkehrs eindrucksvoll dokumentiert. 80 Fahrzeuge und zahlreiche Gerätschaften vom 18. bis ins frühe 20. Jahrhundert sind hier ausgestellt. Die große Postkutsche, der komfortable Landauer, der prunkvolle Barockschlitten, der schwere Bierwagen und der schlichte Leiterwagen – kein Fortbewegungsmittel fehlt. Und keine soziale Schicht wird ausgelassen. Der Rundgang vermittelt hautnah, auf welche Weise sich die besser gestellten Herrschaften und das einfache Volk in vergangenen Zeiten fortbewegt haben, sofern sie nicht zu Fuß gegangen sind. Unter den Ausstellungsobjekten befindet sich das älteste Taxi Deutschlands, eine Motordroschke aus dem Jahr 1898, die es auf damals unglaubliche 25 Stundenkilometer brachte. Im Museum für Kutschen, Chaisen und Karren werden verschiedene Themenführungen angeboten. So gibt es beispielsweise einen Rundgang, bei dem die Technik der Fahrzeuge im Vordergrund steht, bei einem anderen das Pferd als Zugtier oder die Verschiedenartigkeit der Wagen.

**Museum im Römerbad:
2.000 Jahre alte Mauerreste**

Dass Heidenheim einst von Römern besiedelt war, belegen umfangreiche archäologische Grabungen, die unter anderem Anfang der 1980er Jahre im Bereich der Friedrichstraße gemacht wurden. Zum Vorschein kamen gut erhaltene Mauerreste einer Therme, die im 2. Jahrhundert Teil eines Monumentalbaus gewesen sein dürfte. Nach eingehender archäologischer Untersuchung und Dokumentation der Ausgrabungen änderte man die bereits abgeschlossene Planung für das neue Fernmeldeamt: Über die freigelegten römischen Ruinen wurde ein Parkdeck auf Stelzen gestellt. Das so entstandene Museum im Römerbad feierte 1984 seine Eröffnung. Den Kern der Ausstellung bilden die umfangreichen Überreste der Therme. Zudem finden sich hier Teile eines fast 80 Meter langen Großbaus, dessen Funktion sich mangels schriftlicher Zeugnisse vielleicht niemals endgültig klären lässt. Vermutet wird, dass es sich um ein Verwaltungsgebäude oder eine palastartige Anlage gehandelt hat. Römische Fundstücke in Vitrinen ergänzen die Ausstellung, so zum Beispiel Inschriften, Bildwerke, Metallwerkzeuge, Geschirr und Münzen. Zahlreiche Schautafeln und Informationstexte geben Aufschluss über die Verwendung der einzelnen Objekte. Ein weiterer Teil des Museums befasst sich mit der römischen Provinzialgeschichte Heidenheims, vom 1. Jahrhundert bis zur Landnahme der Alamannen. Darüber hinaus gibt das Museum Informationen über die römische Provinz Rätien, zu der Heidenheim in Zeiten der römischen Besiedlung gehörte.

Picasso-Plakate und zeitgenössische Ausstellungen: Das Kunstmuseum im Jugendstilambiente

Unweit vom Römerbad befindet sich ein „Badetempel" etwas jüngeren Datums – das ehemalige Volksbad Heidenheims. Das imposante Jugendstilgebäude wurde 1904 errichtet und diente viele Jahrzehnte lang als Schwimmhalle und Badeanstalt. Seit 1989 befindet sich hier das städtische Kunstmuseum. Dessen Einrichtung wurde durch eine Stiftung von Hugo Rupf (1908–2000), der Ehrenvorsitzender des Hauses Voith und Ehrenbürger der Stadt Heidenheim war, ermöglicht. Die wechselnden Ausstellungen zeigen Gegenwartskunst und Kunst des 20. Jahrhunderts. Dabei bietet das Museum sowohl für regionale als auch internationale Künstler eine Plattform.

Darüber hinaus verfügt das alte Volksbad seit 2001 über zusätzliche Ausstellungsräume im Erdgeschoss – die Hermann-Voith-Galerie, die durch Mittel aus der gleichnamigen Stiftung finanziert wurde. Die Galerie präsentiert eine Auswahl aus der Picasso-Plakate-Sammlung des Kunstmuseums, die mit über 600 Werken sämtliche zu Lebzeiten des Künstlers erschienenen Plakate umfasst. Darunter sind auch jene 65 Werbeplakate, die Picasso selbst entworfen und gestaltet hat. Wie sich diese äußerst originellen Entwürfe in das Schaffen des Künstlers einordnen, belegen über 140 Druckgrafiken, welche die Sammlung ergänzen. Anhand der Auswahl, die in der Hermann-Voith-Galerie dauerhaft präsentiert wird, lässt sich verfolgen, wie Picassos Plakatwerk aus seinem künstlerischen Schaffen entstanden ist. Die zahlreichen Stierkampfdarstellungen lassen darüber hinaus auch die Entwicklung des Künstlers über Dekaden hinweg nachvollziehen. Gleichzeitig werden all jene unterschiedlichen Drucktechniken wie Lithografie, Radierung, Aquatinta und Linolschnitt dokumentiert, die Picasso im Laufe seines Lebens benutzt hat.

66.1 Im ehemaligen Volksbad ist seit 1989 das städtische Kunstmuseum untergebracht.

67.1–67.6 Der Hugo-Rupf-Saal bildet den passenden Rahmen für Rauminstallationen aller Art.

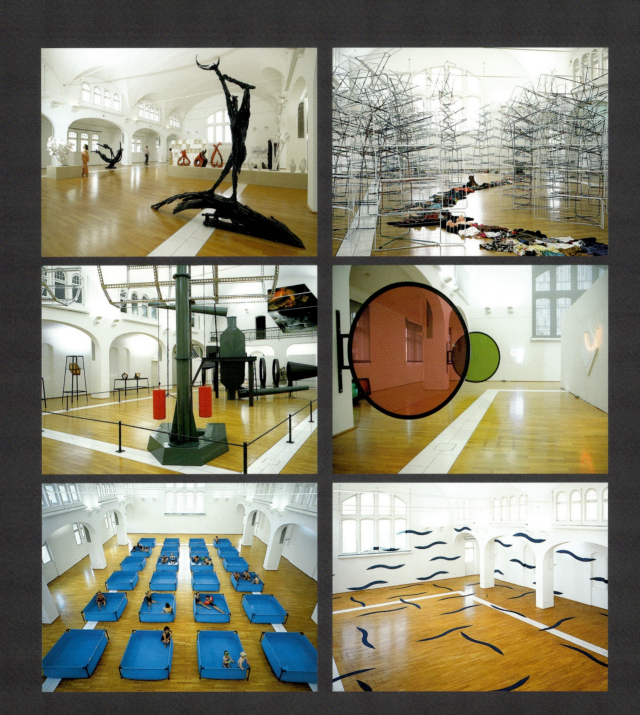

WCM Open – die Kunst- und Musikkolonie

Die alten WCM-Gebäude in der Heidenheimer Schmelzofenvorstadt haben sich in den vergangenen Jahren zu einer Kunst- und Musikkolonie entwickelt. Kein Wunder, sind doch die großflächigen Fabrikräume wie geschaffen für Ateliers und Proberäume. Mittlerweile haben sich hier mehr als 20 Kunst- und Musikschaffende niedergelassen. Jedes Jahr im Mai öffnen sie für ein Wochenende ihre Türen, um Einheimischen und Gästen zu zeigen, wie sie leben und arbeiten. Seit dem Jahr 2000 sind die WCM Open fester Bestandteil der Heidenheimer Kunst- und Kulturszene. Besucher der Veranstaltung zeigen sich immer wieder beeindruckt von der Vielfalt und dem Anspruch der präsentierten Arbeiten. Klassische Malerei und Zeichnungen finden sich hier ebenso wie Computeranimationen und Fotografien oder Skulpturen und Schmuck. Dazu werden Konzerte von Solisten und Bands geboten.

68.1 Ein Atelier der besonderen Art. Die WCM Open zeigen das Leben und Schaffen Heidenheimer Künstler und Musiker in ihren eigenen vier Wänden.

Junge Kunst im „Türmle" und Auseinandersetzung mit der „Welt der Sinne"

Neben seinen Museen besitzt Heidenheim seit 1973 einen Kunstverein. Im „Türmle", einem später überbauten Rest der mittelalterlichen Stadtmauer, wird Gegenwartskunst von jungen Künstlern aus ganz Deutschland ausgestellt. Auf 120 Quadratmetern präsentieren sie ein breites Ausstellungsspektrum. Es reicht von klassischer Malerei und Grafik über Plastiken, Wandobjekte und Rauminstallationen bis zu Fotokunst und Videoarbeiten. Niemand wird bei der Auseinandersetzung mit den ausgestellten Objekten allein gelassen. Vernissagen geben Gelegenheit, mit den Kunstschaffenden ins Gespräch zu kommen. Darüber hinaus werden zu jeder Ausstellung zwei kostenlose Führungen angeboten. Zudem organisiert der Verein regelmäßig wissenschaftliche Vorträge, um den Zugang zu zeitgenössischer Kunst zu ebnen und die Kunstwahrnehmung zu entwickeln.

Die menschliche Wahrnehmung zu stärken, darauf zielt auch die „Welt der Sinne" ab. Allerdings geht es hier weniger um die Auseinandersetzung mit Kunstobjekten als vielmehr um die Schärfung der eigenen Sinne. Das „Mitmachmuseum" im alten Forstamt verdeutlicht deren Wert und Verletzbarkeit. Die Ausstellung wurde durch die Privatinitiative von Karl-Eugen Siegel ins Leben gerufen.

70.1 „Nächster Halt Milch und Honig": ein Kunstwerk in der Fußgängerzone, das beim Bildhauersymposion 2004 entstanden ist.

70.2, 70.3 Kunst: Die „Camouflage" ist ein 5.000 m² großer, scheckiger Pflanzenteppich – ebenfalls ein Ergebnis des Bildhauersymposions 2004.

Kunst im öffentlichen Raum:
Das Bildhauersymposion

Die Attraktivität Heidenheims durch Kunst im öffentlichen Raum zu fördern, ist zentrales Anliegen des Bildhauersymposions. Gleichzeitig wird so Künstlern aus aller Welt eine Chance gegeben, sich kreativ zu entfalten und in einem Wettbewerb miteinander anzutreten. Die Brücke zwischen der künstlerischen Konzeption und dem Kunstwerk bilden Heidenheimer Unternehmen, die für das Symposion unterschiedliche Materialien, Technologien und Räumlichkeiten zur Verfügung stellen. Eine Idee, die hervorragend funktioniert, was die Tatsache belegt, dass das Bildhauersymposion seit 1997 im Dreijahresturnus stattfindet. Resultate der einzelnen Wettbewerbe gehören mittlerweile genauso zum Stadtbild wie historische Gebäude. Die Installationen werden keinesfalls willkürlich platziert. Denn bevor die Künstler mit ihrer Arbeit beginnen, müssen sie sich mit Heidenheim und dem Charakter der Stadt auseinander setzen. So ist beispielsweise beim Bildhauersymposion 2001 nicht nur der Piercing-Ring des Rathauses entstanden, sondern auch die Installation „Die große Rede" in der Georges-Levillain-Anlage vor dem Hauptbahnhof. Das überdimensionale Rednerpult aus rostfreiem Edelstahl ist mit zahlreichen bunten Mikrofonen versehen, die aufgrund ihrer Edelstahl-„Verkabelung" sehr lebensecht wirken. So, als erwarte man jeden Augenblick eine wichtige Ansprache. Eines von vielen Resultaten des Bildhauersymposions 2004 ist die Installation „Belastung" von Klaus Simon. Die helle, skelettartige Holzkonstruktion steht mitten auf einer Wiese in der Nähe des Waldfriedhofs. Das Einzige, was die aufeinander gestapelten Balken zusammenhält, ist die Last eines an Seilen schwebenden Altarsteins, den der Künstler aus einer umgebauten Kirche bezogen hat. Ein im selben Jahr entstandenes Kunstwerk besteht aus 55.000 Pflanzen, die auf 5.000 Quadratmetern zu farbigen Flächen angeordnet sind und ein überdimensionales Muster bilden. „Camouflage" (Tarnung) lautet der programmatische Titel dieser Arbeit von Olaf Nicolai an der Westrampe der Seewiesenbrücke.

Die erwähnten Arbeiten bilden nur einen kleinen Ausschnitt der Heidenheimer Kunstobjekte im öffentlichen Raum. Und neben den Ausstellungen in den Museen der Stadt gibt es zahlreiche interessante private Sammlungen. Erwähnt sei nur die Gitarrensammlung von Siggi Schwarz. Sie enthält mehr als 400 Exemplare – angefangen bei der Schülergitarre bis hin zu Stücken berühmter Rockstars. Eine vergleichbare Gitarrenauswahl findet sich nirgendwo sonst in Europa.

Kultur? – „Was ihr wollt!"

„Kultur ist Zusammenarbeit."
(Henry George)

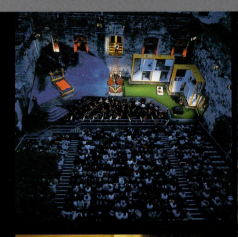

Schloss Hellenstein ist nicht nur städtebaulich und historisch der Mittelpunkt der Stadt. Es ist auch ein idealer Ort für zahlreiche Veranstaltungen – sommers wie winters. Die einzigartige Kulisse des Gebäudes und das malerisch-hügelige Schlossgelände sind geradezu prädestiniert für kulturelle Events der besonderen Art. Hier oben auf dem Hellenstein vergisst man das geschäftige Tun, das unten im Tal herrscht, schaltet man ab von der Hektik des Alltags. Hier oben gibt man sich hin – dem Gesang, dem Schauspiel, dem Schlemmen. Hier oben vergisst man für einige Stunden die Zeit.

Arien unterm Sternenhimmel

Eine Veranstaltung, die jährlich tausende Gäste aus ganz Deutschland auf den Hellenstein lockt, sind die Heidenheimer Opernfestspiele. Im Juli bildet die Ruine des so genannten Rittersaals das stilvolle, atemberaubende Ambiente für wirkungsvolle Inszenierungen. Berühmte Werke der Opernliteratur wie „Aida", „Othello" oder „Don Giovanni" bezaubern die Opernfans direkt unterm Sternenhimmel.

Den Ursprung der Heidenheimer Schlossmusik darf man schon im Mittelalter vermuten. Schon damals sollen Minnesänger im Burghof musiziert haben. 1964 gab es die erste private Schloss-Serenade im Rittersaal. Fünf Jahre später wurden kleine Spielopern in das Konzertprogramm aufgenommen. 1975 übernahm die Stadt Heidenheim die Trägerschaft für die alljährlich stattfindenden Veranstaltungen. Seit 1985 werden ausschließlich Opern präsentiert – mit sehr großem überregionalem Erfolg.

72.1 Atemberaubende Kulisse, prachtvolle Kostüme und beeindruckende künstlerische Leistungen – die Opernfestspiele im Rittersaal des Schlosses.

72.2 Die Mauern des Rittersaals lassen sich hervorragend in verschiedene Aufführungen integrieren.

73.1 Liebe, Schmerz und Leidenschaft: Das verkörpert Mozarts Oper „Don Giovanni", die 2005 aufgeführt wurde.

Traumhafte Sommernächte mit großem Theater

Eine zweite feste Instanz im Heidenheimer Kulturkalender ist das Naturtheater. Direkt neben dem Schloss gelegen, zieht es jährlich 40.000 Theater-Begeisterte magisch an. Mit Kissen und Decken unterm Arm pilgern sie dorthin. Denn selbst in Sommernächten kann es zuweilen recht kühl werden.
Gespielt wird unter freiem Himmel in zauberhafter Waldkulisse – bei jedem Wetter. Das Publikum sitzt allerdings unter einem schützenden Dach. Die Schauspieler des Naturtheaters agieren hochprofessionell. In großartigen Inszenierungen demonstrieren sie von Juni bis August ihr Können – mit Leib und Seele, mit Herz und Verstand. Jedes Jahr wird für die Freilichtbühne ein Stück für Erwachsene und ein Stück für Kinder einstudiert. Die Resonanz: überwältigend. Die Pressestimmen: voll des Lobes. Die Geschichte des Naturtheaters reicht zurück bis ans Ende des Ersten Weltkrieges. Der Heidenheimer Gärtnermeister und Unteroffizier Gustav Müller berichtete, dass ihm die Idee, einen Theaterverein zu gründen, unter schwerem Beschuss im Schützengraben gekommen sei. Dort habe er sich geschworen: „Wenn ich hier rauskomme, will ich mein Leben einsetzen für etwas, was die Menschen verbindet: die Kunst." Gustav Müller überlebte den Krieg und setzte sein Vorhaben in die Tat um. 1919 gründete er die „Volkskunstvereinigung Heidenheim".

74.1 „Wenn ich einmal reich wär…", singt Tevje, der Milchmann, im Bühnenstück „Anatevka", das im Sommer 2005 für wahre Begeisterungsstürme sorgte.

75.1 Kinderstücke wie „Das kalte Herz" kommen auch bei Erwachsenen hervorragend an.

75.2 Immer vor vollem Haus spielen die Darsteller – bei jedem Wetter. Bis zu 40.000 Zuschauer strömen Jahr für Jahr ins Naturtheater.

75.3 Mitten im Wald des Schlossparks – eine ganz besondere Atmosphäre. Das Bühnenbild wird jedes Jahr passend zur Freilichtsaison angefertigt.

1924 erfolgte die Einweihung der Naturbühne mit dem Stück „Wilhelm Tell". Seither ist hier, mit Ausnahme der Zeit während des Zweiten Weltkriegs, in jedem Jahr Theater gespielt worden. Die Vielfalt der Inszenierungen ist kaum zu übertreffen. So wurden beispielsweise schon Shakespeare-Klassiker wie „Romeo und Julia", „Hamlet", „Ein Sommernachtstraum" und „Viel Lärm um nichts" aufgeführt. Darüber hinaus reicht das Repertoire von Goethes „Faust" über den „Glöckner von Notre Dame" oder „Das Dschungelbuch" bis hin zu „Anatevka".

Für die Kinder werden Stücke wie „Die Biene Maja", „Pippi Langstrumpf" oder „Der kleine Vampir" geboten. Ausverkaufte Vorstellungen – und das jedes Jahr aufs Neue – zeugen von der Klasse der Darsteller und der Theaterbegeisterung des Publikums aus nah und fern. Eine weitere populäre Theatergruppe der Stadt ist die „Sasse" in Schnaitheim. In einem kleinen Theater werden ambitionierte Stücke, auch von modernen Autoren, gespielt. Die Gruppe ist sehr erfolgreich – einige ihrer Produktionen wurden bereits im Fernsehen gezeigt.

Kulinarisch, kultig, (multi)kulturell

Zurück zum Schloss, das im Sommer neben Oper und Theater auch mit kulinarischen Köstlichkeiten lockt. Beim Heidenheimer Wirtefest im August kredenzen Gastronomen des „Heidenheimer Wirtekreises" ihre ganz persönlichen Spezialitäten. Willkommen sind alle, die Appetit haben. Das Angebot reicht von deftig-schwäbischer Kost bis hin zur leichten mediterranen Küche. Herbstlicher Höhepunkt auf dem Hellenstein ist der Kunsthandwerkermarkt im September.

76.1 Afrikanische Percussion-Kunst gehört zum unerschöpflichen Repertoire der Heidenheimer Musiknacht, die jedes Jahr im Mai die Massen auf die Straße und in die Bars lockt.

78.1 „Zum Wohl!" – Beim alljährlichen Küferfest lacht das Herz – und der Gaumen. Schließlich geht nichts über einen guten Wein.

78.2 Meisterköche kredenzen Kulinarisches zum Wirtefest.

Darüber hinaus veranstaltet die Stadt auch jenseits der Schlossmauern das ganze Jahr über interessante Events. Bei der Heidenheimer Musiknacht im Mai sind selbst eingefleischte Partygänger immer wieder erstaunt über die Vielzahl an Bars und Kneipen in ihrer Stadt. Und über richtig gute Musik, die meist sogar von Bands aus der Region kommt. Da wird die Nacht zum Tag gemacht – und wer daheim bleibt, hat Pech gehabt. Ähnlich gute Stimmung herrscht in der Stadt beim Internationalen Straßenfest. Die globale Ausrichtung der Industrie und die Zuwanderung von Arbeitskräften in den 60er und 70er Jahren zeigen sich hier in ihrer ganzen Breite. Musikauftritte von Rock- über Jazzbands, Folklore, Musical und Operette lassen kaum Wünsche offen. An zahlreichen Ständen gibt es internationale Spezialitäten gegen Hunger und Durst. Einen Monat später verwandelt sich der Friedrich-Degeler-Platz vor dem Rathaus in ein Weindorf – das Küferfest steht an. Vier Sommerabende lang wird es in den Weinlauben gemütlich, bei Prosecco und Trollinger – je nach Geschmack.

79.1 Schlemmen wie ein Burgfräulein – das Wirtefest auf dem Schloss lockt jeden Sommer mit Spezialitäten aller Art.

79.2 Große Stimmen, schwungvolle Begleitung – zur Musiknacht herrscht Partystimmung in der ganzen Stadt.

Schäferstündchen der besonderen Art

Ein ganz besonderes Heidenheimer Ereignis ist der Schäferlauf. Er besitzt eine lange Tradition und wurde 1723 vom württembergischen Herzog Eberhard Ludwig gestiftet. Damals kamen die Schäfer der Region alljährlich zusammen, um Rechts- und Ordnungsangelegenheiten der Schäferzunft zu verhandeln. Anschließend wurde gefeiert. Der Höhepunkt des Festes: ein Wettlauf, bei dem junge Schäferinnen und Schäfer ihre Kräfte maßen. Die Sieger des Laufes – das Schäferkönigspaar – bekamen als Preis einen Hammel und ein Schaf. Als im Jahre 1828 die Zünfte aufgehoben wurden, endete zunächst auch die Ära des Schäferlaufs. 1922 belebte man die Tradition neu. In den darauf folgenden 30 Jahren fand der Lauf fünfmal statt. Nach einer Pause ging es 1972 weiter. Seither wird der Schäferlauf in Heidenheim alle zwei Jahre ausgetragen.

Plätze zum Feiern – und zum Spielen

Neben den regelmäßig stattfindenden Events wird kulturell in Heidenheim natürlich noch so einiges mehr geboten. Das Konzerthaus wartet das ganze Jahr über mit einem interessanten und abwechslungsreichen Spielplan auf. Auch die Musikschule ist eine feste Größe im Kulturleben der Stadt. Dazu kommen zahlreiche Cafés, Bars und Restaurants, die neben Speis und Trank auch die ein oder andere Live-Veranstaltung bieten. Bei alledem ist die Auswahl aus einer Vielzahl an Angeboten und Stilrichtungen groß.
Und auch die Kinder kommen in Heidenheim keineswegs zu kurz. Im Gegenteil. Die Stadt organisiert regelmäßig Veranstaltungen für ihre jüngsten Bewohner. Das Kinderfest im Juni zum Beispiel, bei dem der obligatorische Umzug durch die Stadt nicht fehlen darf. Darüber hinaus besitzt Heidenheim die höchste Spielplatzdichte Baden-Württembergs. Auf 2.812 Kinder unter sechs Jahren kommen 109 Spielplätze.

80.1 Schäfer lauf! Seit 1723 messen sich traditionell Schäfer und Schäferinnen in einem Wettlauf.

80.2 In ihren Trachten ziehen die Schäfer mit einem Festzug auf dem Schäferlaufplatz ein.

80.3 So seh´n Sieger aus! Ein Schaf und einen Hammel gibt es für das schnellste Paar.

80.4 Fröhliche Kinder und glückliche Eltern trifft man beim alljährlichen Kinderfest. Dann ziehen die Schüler aller Grundschulen Heidenheims in selbst gebastelten Kostümen durch die Innenstadt.

81.1 Da wird die Nacht zum Tag. Das Internationale Straßenfest lockt jedes Jahr mit exotischen Speisen und multikultureller Musik Zehntausende in die Stadt.

82.1 In der Sternwarte auf dem Mergelstetter Erbisberg können Hobby-Astronomen in ferne Galaxien blicken.

83.1 Wer hat den besten Wurf? Boule-Spielen auf dem Johann-Matthäus-Voith-Platz ist eine beliebte Freizeitaktivität.

Weltmeister, Wasserratten und Wagemutige – Sport vor Ort

„Wer Sport betrieben hat, tut sich auch im Leben wesentlich leichter."
(Josef Neckermann)

Heidenheim darf sich ohne Übertreibung eine Sportstadt nennen. Allein der Heidenheimer Sportbund 1846 e.V. (HSB) zählt 5.700 Mitglieder. Hinzu kommen weitere 40 Sportvereine mit insgesamt 16.000 Mitgliedern. In Heidenheim sind weltbekannte Spitzensportler zu Hause, auf die die Stadt zweifellos stolz ist, um die aber keinerlei Starrummel betrieben wird. Sportler, die hier ganz normal arbeiten, trainieren und leben.

84.1 Beim „Heidenheimer Pokal" trifft sich jedes Jahr die Weltelite des Fechtens.

84.2 Der Fechtnachwuchs ist gesichert: Spitzensportler, wie Ralf Bißdorf, trainieren im Fechtzentrum mit Kindern und Jugendlichen.

Spitze Klingen und Touchdowns

Spitzensportler im wahrsten Sinne des Wortes trifft man im Fechtzentrum Heidenheim. Mit Florett und Degen wird hier hart für große und kleine Wettkämpfe trainiert. Beim „Heidenheimer Pokal", einem der bedeutendsten Degenturniere der Welt, trifft sich jedes Jahr die Fechtelite in der Karl-Rau-Halle. Der Fechtsport ist in Heidenheim mit einem Bundesstützpunkt und einem Landesleistungszentrum vertreten.

Die Bilanz der Heidenheimer Fechter kann sich sehen lassen. Seit 1953 gab es acht Teilnahmen an Olympischen Spielen und mehr als 150 Teilnahmen an Weltmeisterschaften.

Insgesamt wurden 39 Medaillen bei Welt- und Europameisterschaften, über 100 Titel bei Deutschen und über 500 Titel bei Württembergischen Meisterschaften geholt. Einer der derzeitigen Topathleten, Ralf Bißdorf, kam nach den Olympischen Spielen 2000 in Sydney mit der Silbermedaille nach Hause. Zudem gewann er bereits dreimal den Gesamt-Weltcup im Einzel. Den Anfang der Heidenheimer Fechterfolge machte Paul Gnaier, der in den Jahren 1960–1968 dreimal an Olympischen Spielen teilgenommen hat.

Weitere Spitzenfechter sind der Silbermedaillengewinner der Weltmeisterschaft 2003 Wolfgang Reich und die neue WM-Starterin Monika Sozanska.

Ein jüngerer, aber nicht minder erfolgreicher Sport in Heidenheim ist Baseball. Die „Heideköpfe" spielten 1993 ihre erste Saison in der Bezirksliga Baden-Württemberg. Inzwischen feiert die Mannschaft in der Ersten Baseball-Bundesliga Süd Erfolge. Und auch hier braucht man sich um den Nachwuchs keine Sorgen zu machen. Trainiert wird in einem der schönsten Baseballstadien Deutschlands, das inzwischen sogar Landesstützpunkt ist. Wenn Spiele stattfinden, strömen die Heidenheimer Baseballfans in Scharen hinauf zum Schlossberg, um ihre „Heideköpfe" zu sehen. Der Name der Mannschaft bezieht sich auf das Stadtwappen, den Heidenkopf.

Natürlich hat auch der Fußball in Heidenheim eine lange Tradition. Seit der Spielsaison 2004/2005 stürmt die Mannschaft des HSB endlich wieder in der Oberliga. Bei den Heimspielen im Albstadion unterstützen jedes Mal mehrere hundert Fans ihre Jungs gegen Mannschaften wie den SSV Ulm oder den SSV Reutlingen. Ähnlicher Popularität erfreut sich der Motorsport. Der Motorsportclub Schnaitheim richtet jedes Jahr die Deutsche Meisterschaft aus. Und der Reiterverein Heidenheim veranstaltet alle zwei Jahre ein großes Turnier.

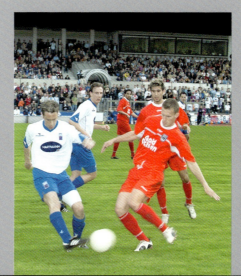

85.1 American Feeling in Heidenheim: Beim Baseball der „Heideköpfe" ist immer Action und Spannung geboten.

85.2 Erfolgreich in der Oberliga Süd: Bei den Heimspielen im Albstadion bejubeln viele hundert Zuschauer ihre Fußballmannschaft des HSB.

85.3 Heulende Motoren und gewagte Sprünge kann man bei der Deutschen Meisterschaft des Motocross erleben, die jedes Jahr vom MSC Schnaitheim ausgetragen wird.

Rennen, Radeln, Rudern

Als Amateursportler kann man in Heidenheim fast jeder erdenklichen Sportart nachgehen. Für Ausdauerläufer ist der Heidenheimer Stadtlauf seit 2003 eine feste Größe. Am ersten Juniwochenende gehört ihnen und tausenden von Zuschauern die gesamte Innenstadt. Marathon, Halbmarathon und zehn Kilometer stehen zur Auswahl – klassisch oder auf Inlineskates. Der Stadtlauf erfreut sich wachsender Beliebtheit. Teilnehmer- und Zuschauerzahlen nehmen Jahr für Jahr zu.

Mehrere Sportstätten in Heidenheim, Schnaitheim und Mergelstetten bieten ideale Möglichkeiten – selbst für ausgefallene Sportarten. Und auch Schwimmer kommen sommers wie winters auf ihre Kosten. Über die Stadtgrenzen hinaus bekannt ist das Aquarena – mit seinem 50-Meter-Becken eine der wenigen Schwimmhallen im Land, die olympiagerecht ist. Das Bad erfüllt die Ansprüche verschiedener Zielgruppen.

Wer einfach nur seine „Bahnen ziehen" will, wird von dem riesigen Schwimmbecken begeistert sein. Familien mit Kindern können sich im Nichtschwimmerbecken tummeln oder die beiden Riesenrutschen ausprobieren. Und wer sich einfach nur ein bisschen entspannen möchte, aalt sich im sprudelnden Außenbecken oder nutzt den Saunabereich mit großzügig angelegten Ruhezonen und einem Freigelände mit Panoramablick. In den Sommermonaten öffnet zudem das Waldbad für alle Schwimm- und Badewütigen seine Pforten. Selbst bei Hochbetrieb muss man hier nicht dicht gedrängt Handtuch an Handtuch liegen. Das Areal ist so großzügig angelegt, dass es auch an den heißesten Tagen nicht überfüllt wirkt. Schattenspendende Bäume bieten Schutz vor der Sonnenglut.

Die Kanuten und die Marinejugend nutzen die Brenz zum Paddeln und Kutterpullen.

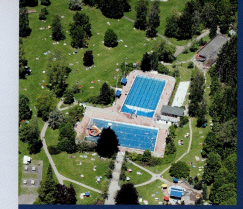

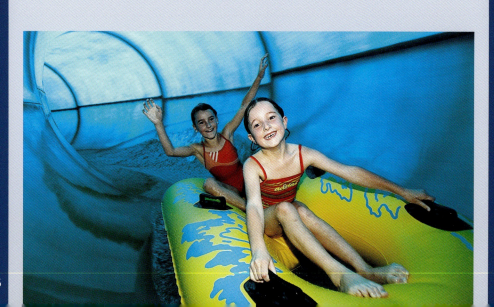

86.1 Riesenspaß in der Riesenrutsche: Das Hallenfreizeitbad Aquarena bietet Badevergnügen für die ganze Familie.

86.2 Ein Blick über das großzügig angelegte Areal des Waldfreibads. Es öffnet mit Beginn der Sommersaison seine Pforten. Zahlreiche Bäume sorgen für eine schöne Atmosphäre und schützen gleichzeitig vor der Sonne.

86.3 Hinunter ins kühle Nass – die Sprungtürme im Aquarena sind vor allem bei wagemutigen Wasserratten äußerst beliebt.

87.1 Plantschen ist herrlich! Kein Wunder, denn selbst bei Hochbetrieb an heißen Tagen bietet das Waldfreibad für jeden genug Platz, sich abzukühlen.

88.1 Auch Langläufer kommen in den Wintermonaten nicht zu kurz. 45 Kilometer Loipen stehen ihnen zur Verfügung.

89.1 An schneereichen Wintertagen herrscht am Hochbergskilift Hochbetrieb.

89.2 Rasant geht´s auch im Sommer bergab – die Downhillstrecke am Hochberg lässt die Herzen aller Mountainbiker höher schlagen.

89.3 Startschuss: Der Heidenheimer Stadtlauf ist seit 2003 fester Bestandteil im Sportprogramm. Marathon, Halbmarathon oder 10 Kilometer stehen zur Auswahl.

Auf zwei Rädern und zwei Brettern

Für viele Sportarten bietet die Schwäbische Alb in und um Heidenheim hervorragende Bedingungen. Der Mountainbike-Park am Hochberg lässt alle Biker-Herzen höher schlagen. Pisten mit verschiedenen Schwierigkeitsgraden sind ideal dafür, die eigene Leistung allmählich zu steigern. Ein herrlicher Blick über die Stadt eröffnet sich von dort oben. Doch für passionierte Biker ist das wahrscheinlich nebensächlich. Sie wollen nur eines: sich schwungvoll über Schanzen, Hügel und Steilkurven ins Tal stürzen. Wer sein Rad lieber auf glatten, gut ausgebauten Wegen fortbewegt, hat rings um Heidenheim optimale Möglichkeiten. Das Radwegesystem radorado® führt durchs Brenztal. Eine Hauptstrecke und vier Seitenschleifen erschließen die malerische Natur und bieten interessante Zwischenstopps zum Rasten und Schauen.

Im Winter ist die Schwäbische Alb ein Paradies für Skilangläufer und Skiwanderer. 45 Kilometer gespurte Loipen stehen auf der Heidenheimer Gemarkung zur Verfügung. Sie schließen nahtlos an das 150 Kilometer große Loipennetz der Nachbargemeinden an. Hier gibt es ebenfalls verschiedene Strecken mit verschiedenen Schwierigkeitsgraden. Alpin-Skifahrer und Snowboarder müssen nicht erst den Weg bis in die Alpen auf sich nehmen, um anständige Hänge hinunterfahren zu können. Schließlich gibt es in Heidenheim zwei Skilifte mit Flutlicht.

Hoch hinauf und sanft hinab

Von den landschaftlichen Höhenunterschieden profitieren nicht nur Biker und Skifahrer. Auch für Kletterfreunde sind die Bedingungen ideal. Rund um Heidenheim locken einige Felsformationen, an denen Klettern erlaubt ist, beispielsweise in Anhausen oder in Königsbronn. Wer sich lieber in der Luft statt an Land aufhält, findet auf der Ostalb mehrere Flugplätze.

Golfspieler wiederum treffen sich auf dem „Hochstatter Hof" zwischen Neresheim und Dischingen.

Wofür das Sportlerherz auch immer schlagen mag – in Heidenheim findet es Gehör.

Auge, blicke!
Wo Felsen die Wiesen säumen

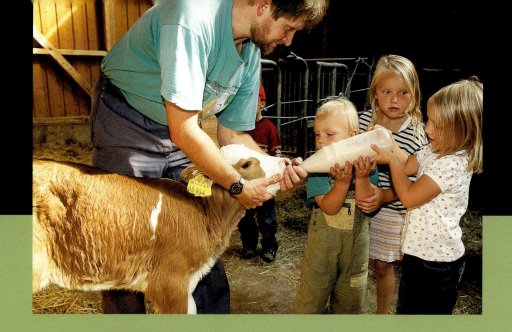

„Die Natur braucht sich nicht anstrengen, bedeutend zu sein. Sie ist es."
(Robert Walser)

Müsste man die Umgebung Heidenheims mit einem Wort beschreiben, so würde man sich wahrscheinlich für „malerisch" entscheiden. Die Stadt liegt am nordöstlichen Zipfel der Schwäbischen Alb, der größten Karstlandschaft Mitteleuropas. Schafbeweidete Wacholderheiden, ausgedehnte Buchenmischwälder und sanfte Hügel, unterbrochen von steilen Felsen aus Juragestein, prägen das Bild der Region. Felsgebilde finden sich auch mitten in Heidenheim – der Hellenstein zum Beispiel oder der Totenberg. Das Gefälle innerhalb der Stadt ist ausreichend für zwei Skilifte, innerhalb der Umgebung sogar für zwei Skisprungschanzen – in Königsbronn und Gerstetten.

90.1 Durstig ist das Kälbchen – nur eines von vielen auf dem Talhof. Und die ganze Familie hilft beim Füttern.

91.1 Für Ferien auf dem Bauernhof muss man Heidenheim nicht verlassen.

Steinerne Täler und bizarre Höhlen

Unweit von Heidenheim, in Herbrechtingen, befindet sich ein landschaftlich einzigartiges Flusstal, das Radfahrer, Wanderer und Sonntagsspaziergänger gleichermaßen in seinen Bann zieht. Das Eselsburger Tal ist ein fast unberührtes Stück Natur. Felsgruppen säumen die Ufer der Brenz, die in einer fünf Kilometer langen Schleife den Umlaufberg Buigen umfließt. Über 640 Blütenpflanzen- und Farnarten gedeihen hier, und mehr als 80 Vogelarten suchen das Tal jedes Jahr zum Brüten auf. Die markantesten Felsen sind die „Steinernen Jungfrauen". Um die Entstehung der beiden schlanken, spitzen Formationen rankt sich eine Sage. Einst soll auf der Eselsburg ein schönes, stolzes Burgfräulein gelebt haben, das alle Freier abwies. Als das Burgfräulein älter wurde, blieb auch das Interesse der Freier aus. Durch ihren eigenen Hochmut gestraft, verbot sie auch ihren beiden Mägden jeglichen Umgang mit Männern. Lange Zeit war deren Furcht vor der Herrin größer als ihre Neugier. Doch eines Tages verliebten sie sich beim Wasserholen im Tal. Das Burgfräulein kam ihnen auf die Schliche und stieß einen Fluch aus:

„Werdet zu Stein. Das ist die Strafe für euren Ungehorsam." Die Mädchen erstarrten und stehen seitdem als Felsen am Seerosenteich.

Von Felsen geformt ist auch das Wental. Auf der Hochfläche des Albuch, in der Nähe von Bartholomä, finden Naturfreunde ein wahres Kletter- und Wanderparadies. Vor über 180 Millionen Jahren hatte hier noch das Jurameer die Oberhand. Im Laufe der erdgeschichtlichen Entwicklung ist es einem „Felsenmeer" gewichen. Den meisten Felsen hat man, wegen ihrer zum Teil eigentümlichen Formen, Namen gegeben: Spitzbubenstadel, Sphinx, Bischofsmütze, Nilpferd und Elefant beispielsweise. Am bekanntesten ist das Wentalweible. Der Volksmund sagt, dass es zu Beginn des 19. Jahrhunderts eine Marktfrau in Steinheim gegeben hat, die durch die Fälschung von Maßen und Gewichten ihre Kunden betrog. Als ihre Untaten aufgedeckt wurden, soll sie sich von einem Felsen gestürzt haben. Doch nicht nur das „Felsenmeer" macht das Wental einzigartig. In seinen umliegenden Wäldern und Heidelandschaften sind zahlreiche botanische Raritäten daheim. Ein Hochseilgarten mit künstlichen Hindernissen in neun Meter Höhe fordert Mutige und weniger Mutige heraus.

Das Lonetal bei Niederstotzingen hat sich durch sensationelle Entdeckungen einen Namen gemacht. In den Lonetalhöhlen wurden Figuren aus Mammutelfenbein gefunden, darunter ein 32.000 Jahre alter Löwenmensch, der Weltberühmtheit erlangte. Touristenmagnet des Lonetals ist die Charlottenhöhle mit dem Höhlenzentrum bei Hürben – mit 587 Metern eine der längsten Schauhöhlen Süddeutschlands. In ihren Hallen und Gängen sind in vielen tausend Jahren kunstvolle Tropfsteingebilde entstanden. Eine weitere Attraktion des Brenztals: die Steiff-Erlebniswelt in Giengen. Der weltberühmte Teddybär mit dem „Knopf im Ohr" hat hier seinen Ursprung. Noch immer wird das nostalgische Spielzeug in Giengen hergestellt; die Produktpalette geht mittlerweile jedoch weit über Teddys hinaus. Der Besuch der Steiff-Erlebniswelt ist für große und kleine Bärenfans ein Muss.

92.1 Atemberaubend schön: Das Eselsburger Tal bei Herbrechtingen ist bei Wanderern, Radfahrern und Naturfreunden gleichermaßen beliebt.

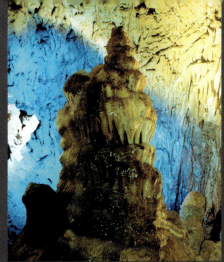

Brenzquelle im Burgenparadies

Eine Landschaftsform, die ebenfalls typisch für den Karst der Schwäbischen Alb ist, sind Quelltöpfe. Aus einem der schönsten entspringt die Brenz, etwa 15 Kilometer nördlich von Heidenheim in Königsbronn. Die Quelle befindet sich am Fuße einer Felswand und schüttet im Durchschnitt 1.200 Liter Wasser pro Sekunde aus. Der Berg dahinter birgt Tropfsteinhöhlen, die jedoch nicht für die Öffentlichkeit zugänglich sind.

Doch die Schwäbische Alb verzaubert nicht nur durch ihre atemberaubende vielfältige Natur. Sie ist auch eine Landschaft voller Kulturreichtümer. Historisch gewachsene Städte mit lebendigen Traditionen laden zum Verweilen ein. Malerische Bauwerke wecken romantische Sehnsüchte. Allein im Landkreis Heidenheim finden sich 44 Burgen und Schlösser, etwas über die Hälfte davon Ruinen, der Rest sehr gut erhalten. Zwei große Herrschergeschlechter, die einst Europa und Deutschland regierten – die Staufer und die Hohenzollern –, stammen von der Schwäbischen Alb.

Nur wenige Kilometer von Heidenheim entfernt, in der kargen Wacholderlandschaft des Härtsfelds, liegt die Benediktiner-Abtei Neresheim. Das Kloster wurde im Jahr 1095 gegründet. Die Klosterkirche zählt zu den größten barocken Hallenbauten Süddeutschlands und wurde von Balthasar Neumann entworfen. Hinter der zurückhaltenden Außenfassade verbirgt sich ein lichtdurchfluteter Innenraum, der in barocker Pracht erstrahlt.
Eine Härtsfeld-Gemeinde, die gleich mit mehreren Schlössern aufwarten kann, ist Dischingen. Auf den Ausläufern des Egautals liegt das Schloss Taxis. Es ist Sommersitz des Fürsten von Thurn und Taxis und präsentiert sich märchenhaft verschlafen. Das Schloss wurde um 1330 errichtet – damals als Burg. Es ist von prächtigen Gärten, Terrassen und Laubengängen umgeben. Den äußeren Gürtel des Anwesens bildet der „Englische Wald", der eine Vielfalt an Baumarten und Waldwiesen beherbergt. Darüber hinaus befindet sich in Dischingen die Stauferburg Katzenstein – ein Musterbeispiel für eine Wehranlage mit Innenhof, Basteien und Wehrgängen.

Die Schwäbische Alb ist ein Kleinod der deutschen Natur- und Kulturlandschaft. Im Rang eines UNESCO-Geoparkes ein echter Geheimtipp – nicht nur für Amateurgeologen. Fernab vom Massentourismus garantiert sie echte Erholung in der unverfälschten Natur und Erbauung in den reizvoll gelegenen Städten und Dörfern.

94.1 Der Brenzursprung in Königsbronn ist einer der schönsten Quelltöpfe auf der Schwäbischen Alb.

94.2 Wunderwerk aus Tropfsteinen: Die Charlottenhöhle bei Hürben – ein beliebtes Ausflugsziel in Süddeutschland.

95.1 Das Härtsfeld: Wacholderheiden, sanfte Hügel und endlose Felder prägen das Landschaftsbild.

96.1 Schäfchen zählen kann man in der Region zur Genüge.

Ein Ausblick

Heidenheim – eine Industriestadt im Wandel. Vieles hat sich hier in den vergangenen Jahren zum Positiven verändert. Das Stadtbild ist attraktiver und freundlicher geworden. Eine außergewöhnliche Kunst- und Kulturszene hat sich etabliert. Die Verbindung zwischen Wirtschaft und Bildung hat sich kontinuierlich verbessert. Das Interesse an Sport und anderen Freizeitaktivitäten nimmt beständig zu. Die Menschen sind weltoffener geworden und gleichzeitig enger zusammengewachsen. Unterschiedliche Generationen lernen voneinander und bringen sich gegenseitig voran. Dieser Trend wird anhalten, sich weiter verstärken. Die Struktur der Gesellschaft ändert sich, die Menschen werden älter. Ein harmonisches Zusammenleben ist deshalb wichtiger als je zuvor, um die Herausforderungen des Alltags zu meistern. In Heidenheim sind die Voraussetzungen dafür optimal. Wirtschaft, Bildung und Leben greifen wie Zahnräder ineinander. Eines würde ohne die anderen nicht funktionieren. Nachhaltiger unternehmerischer Erfolg ist ohne qualifizierten Nachwuchs nicht möglich. Dieser wiederum resultiert aus einem ausgezeichneten Bildungsangebot und einem stabilen sozialen Gefüge. Heidenheim ist eine familiengerechte Stadt und bietet ausgezeichnete Lebensbedingungen für Menschen jedes Alters. Und wenn das Umfeld stimmt, gehen Lernen und Arbeiten leicht von der Hand. Dann wachsen Kreativität, Elan und Ehrgeiz. Die Antriebsfedern des Erfolgs. Des Wandels. Der Zukunft.

Summary

Urban cityscape, rural surroundings

Heidenheim's townscape is full of diversity. A variety of architectural styles have left their mark on the city. Along the River Brenz extensive industrial plants dominate the city centre.
An attractive contrast to all of these is Castle Hellenstein. The city centre has an urbane and lively character. The surrounding incorporated districts appeal with their rural charm. Heidenheim is a city of green spaces. Numerous parks and extensive forests which reach right into the city invite you to walk and relax there.

"Aquileia," "Swabian Manchester" and "East Alb Metropolis": names reflecting the development of the town

Heidenheim can look back on a long and interesting history. As early as the Stone Age the present-day municipal area was inhabited. Continuous settlement began around 1300 BC. In the 2nd century AD Heidenheim came under Roman rule and 300 years later the Alemannic tribes arrived in the area. A milestone in the development of the town was the construction of Castle Hellenstein in the 12th century. A medieval town grew up around its feet. However, the era which left the strongest impression was the Industrial Revolution. Large companies settled along the River Brenz. After the two World Wars the economy reached its second phase of fast expansion. The population increased rapidly. The resulting construction boom continued for several decades. A new highlight in the history of Heidenheim will be the Baden-Wuerttemberg State Garden Show in the year 2006.

Deep-rooted yet breaking new ground – the reward of the hard worker

"Swabians" and "work" – two words which belong together. In Heidenheim too the spirit of problem-solvers and inventive genius is ever present. Numerous international companies were founded or have settled here. The largest employer is Voith, a systems supplier operating internationally in the fields of paper manufacturing, energy, mobility and service. Hartmann, founded during the textile boom of the 19th century, produces medical and hygiene products and has locations in 34 countries. The Edelmann Group has become renowned for folding box packaging for major brand names in the fields of cosmetics, cigarettes and pharmaceutical products. The company Plouquet is one of the leading specialists in textile finishing. In the district of Oggenhausen beer is brewed; the pubs and eateries of the region could not be imagined without "Koenigsbraeu" (literally King's Brew).
But there are also some significant service providers in Heidenheim. Of these, the biggest employer is the hospital.

First Class Honours for education and training

One doesn't learn just for school, one learns for life. In Heidenheim education is given high priority. The town has 12 primary and junior high schools, two secondary schools, four grammar schools, three vocational grammar schools, a school of music, a University of Co-operative Education (Berufsakademie), and numerous private educational institutes including several independent schools.
Heidenheim has the third highest rate of school leavers who achieve university entrance in Germany. There is close co-operation with local businesses and training opportunities for young people are excellent. For the youngest inhabitants of the city there are more than 30 kindergartens. That also is a respectable achievement compared to the rest of Germany.

Ancient Romans, Picasso's Toros and giant-sized lecterns

Heidenheim has a remarkable landscape of museums and art galleries. The Castle Hellenstein Museum has a wealth of diverse collections – ranging from prehistoric and ancient times to old toys. In the castle grounds you will also find the Coach, Chaise and Cart Museum – an impressive documentation of rural transport in Southwest Germany from the 18th to the early 20th century. Excavation sites which are documented in the Museum in the Roman Baths bear witness to the former settlement of Heidenheim by the Romans. The Municipal Art Museum also has an exceptional collection: posters and prints by Pablo Picasso. Furthermore there is a dynamic Art Club in Heidenheim and the artists' colony in the district "Schmelzofenvorstadt." What's more a Sculpture Symposium is held every three years.

Culture? – "What you will!"

Throughout the year Castle Hellenstein is the setting for cultural events. One of these that is known and held in high esteem even outside the region is the Heidenheim Opera Festival. The ruins of the so-called Knights' Hall form a stylish backdrop for famous operatic works from Verdi to Mozart. Every summer in the nearby castle park the motto is: stage free for open air theatre. Against the beautiful background of the forest amateur actors present not only popular musicals but also literary works from the whole world – these are always highly professional and presented to a "full house." Other events at Hellenstein are the Innkeepers' Festival in August and the Craft Fair in September.
Down in the city, in the Concert Hall, in the Assembly Hall of the Rudolf Steiner School, in the Brenz Arena or in the churches there is a busy throb of cultural life. Among the regular events are the Heidenheim Music Night, the International Street Festival and the Shepherds' Competition.

World Champions, keen swimmers and risk takers

Heidenheim is a fencing mecca. One of the most important fencing tournaments in the world is held here. In the Fencing Centre you can watch top sportsmen and women during training who have already been successful at Olympic Games and World Championships. Nation-wide fame and success are enjoyed by the "Heidekoepfe" – Heidenheim's baseball team as well as by the football team "HSB." Excellent training facilities also exist for amateur sportsmen and women. In the "Aquarena" or the Forest Outdoor Pool, at the city marathon, in the mountain bike park, on the cycle trail radorado®, for climbing, flying or rowing. For winter sports there is a good network of Nordic skiing trails and two ski lifts.

A delight to the eye – meadows framed by cliffs

Heidenheim is situated on the Swabian Jura or Alb. The landscape surrounding the town features gentle hills, juniper heath, pastureland for sheep, and mixed beech forest. Picturesque rugged valleys can also be found close by. Not far away is the fascinating cave, Charlottenhoehle, with bizarre stalactites and stalagmites. The source of the Brenz, north of Heidenheim, is a must on the visitor's itinerary. Those who love old ramparts will be thrilled by the region. Altogether there are 44 castles and palaces in the Heidenheim district alone.

Looking Ahead

The quality of living in Heidenheim has improved noticeably in the last number of years. The cityscape has undergone a positive development, leisure activities for virtually every taste are available and there is excellent co-operation between the business world and the educational institutions. The people of the city have become more outward looking and at the same time have grown closer. The different generations need each other more than ever before and live in harmony together. When the right environment is provided learning and working become easy. In Heidenheim we can say conditions are indeed ideal.

Picture texts in English

Page 2/3
Green surroundings for an industrial centre: a striking feature throughout Heidenheim is the clash of conflicting styles.

Page 6/7
For many centuries the heaths of the Swabian Jura or Alb have made ideal pastureland for sheep.

Page 8
To the outside world a stronghold, on the courtyard side picturesque: Castle Hellenstein

Chapter 1
Page 10/11
A new favourite with the public – the "SCHLOSS ARKADEN." Opened in 2004, this shopping mall has brought fresh impetus to the shopping venue Heidenheim. Originating from different periods yet forming a harmonious entity: the venerable Castle Hellenstein; at its feet the Church of Saint Mary and one of the newest structures in town, the "SCHLOSS ARKADEN."

Page 12/13
A home for senior citizens featuring modern architecture: the Eugen Loderer Centre in the city centre.
Like a picture from a fairy-tale: the old bathhouse situated on the bank of the river Brenz.
A striking element in the precinct: by far the most elaborate façade of the city dates from the early 20th century and adorns the Castle Pharmacy.
The Concert Hall: the elegant art-nouveau building is a venue for all kinds of cultural events.

Page 14/15
It sits regally above the city like a defender: Castle Hellenstein. Right up to the present day it has lost nothing of its strength and beauty.

Page 16/17
Mummy, where do little children come from? The "Children's Well" in the courtyard of the castle has the answer.
Held once a year in the "Hintere Gasse," the rose market exudes romantic flair.
A gem of a building in the "Hintere Gasse" is the former Office of Weights and Measures. Built in 1688, the half-timbered house is today used as a Civic Centre.
Fresh produce from the region is offered on Wednesdays and Saturdays at the weekly market.

Page 18/19
At the heart of the pedestrian precinct a fountain depicts a woman known as the "Knoepfle Washer." People from Heidenheim got their nickname from this legend.
Half-timbered houses, flowers, narrow lanes. The northern ascent to the Castle is one of the prettiest places in Heidenheim.
The Elmar Doch House is home to the Tourist Information Office, the Municipal Library and the Adult Education Centre.
Special guided tours of the city are held for children. On "Book Night" you should not miss out on a trip through the "owl hole."

Page 20/21
A glass dome, understated elegance in green – the "SCHLOSS ARKADEN," the new showpiece in the city centre. The building houses around 40 shops covering approximately 17,000 square metres and completes the northern section of the pedestrian precinct.
A game of backgammon in the afternoon sunshine.
City Hall is characterised by the functional architecture of the 1960's. This contrasts with the unusual decoration of the building.

Page 22/23
Since 1995 impressive musical compositions from all periods have been heard on the new organ in St. Paul's Church. The Protestant St. Paul's Church in red brick. The 75-metre high tower dominates the whole inner city.
A picturesque situation: the church of St. Michael at the steps leading up to the castle.
The oldest church in Heidenheim is located on the Totenberg (hill of the dead). The original wooden structure was replaced by a stone building in the 8th or 9th century and is used today as a chapel for the cemetery.

Pages 24/25
Grosskuchen: the extensive meadows in the district known as Haertsfeld make ideal conditions for riding.
The "Erzknappenbrunnen" (well) in Oggenhausen: the most significant events of local history have been recorded in the well's cast metal inscriptions.
Community life in the "village in the city." Out of a fairy-tale: the "Schloessle" in Schnaitheim was for many years the residence of the Chief Forester.

Page 26/27
State Garden Show 2006: Bee sculptures in the bee garden by Prof. Jeanette Zippel. Here are animals you rarely ever get to see – those of the forest and from the Alps. Here in the Eichert Game Park you can even feed them – however using only feed from the dispensing machines. An oasis right in the city. Forget everyday stress with a walk through the spacious Castle Park.
The sun and time path in Schnaitheim is a combination of sundial, celestial globe,

planetary path and zodiac. It also forms one end of Brenz Park.
A unique installation: the sundial – a fascinating interplay between science and the cosmos.

Chapter 2

Page 28/29
One of the last visible remnants of Heidenheim's city wall: "Tuermle" (Little Tower).
The Voith housing estate in the east of the city was constructed in the early 20th century for employees of the company of that name.

Page 30/31
"Schau Schau" (Look, look) – a big event in the modern development of the city will be the State Garden Show in 2006. And all Heidenheim is drifting on Cloud Nine.

Page 32/33
Another piece of industrial history: the former machine house on the site of the "Wuerttembergische Cattun-Manufaktur" (Wuerttemberg textile manufacturing).
An advertising agency now has premises in the former WCM store for cotton bales.

Page 34/35
View from the castle: from up here you have the best impression of how well architecture and nature are interwoven.
One of the really great personalities of the city: in the 19th century Johann Matthaeus Voith laid the foundation for an international company.
A rural corner of Heidenheim – the district of Grosskuchen.
A convivial meeting – in summer the street cafes have their busy season.

Page 36/37
A popular motif for photographers at the castle. Probably everyone who has grown up in Heidenheim has once sat on the cannon as a child.

Chapter 3

Page 38/39
An all-round view – the cityscape of Heidenheim seen from an unusual perspective.

Page 40/41
The Paper Technology Center of Voith is the heart of "Paper Valley."
Numerically controlled flow simulation in 3-D at Voith Siemens Hydro Power Generation.
Reflections in Voith blue. The company's headquarters have been in Heidenheim since it was founded.
Insight into manufacturing processes at Voith Turbo and Voith Paper. Here power packs and the headbox for paper machines are being produced.

Page 42/43
The paper machines at Voith are up to 200 metres long and 11 metres wide.
Voith's Kaplan turbines are giant sized and are used for low heights of fall.
Safety and comfort in high-speed trains. Thanks to drive and braking systems from Voith Turbo.
Wind energy – a growing market. Voith maintains these machines and develops new drive concepts.

Page 44/45
Hartmann provides products and services in the fields of surgical risk protection, wound treatment and incontinence hygiene.
The company has expanded along the River Brenz where Paul Hartmann purchased the plot known as "Scheckenbleiche" in 1867. Besides production and warehouses, the main administration offices of this international company are located here.
In nearby Herbrechtingen cellulose-based incontinence products are manufactured.

Page 46/47
Working in attractive surroundings: company headquarters in Heidenheim employs 1,100 people.
The complete range of packaging: from cosmetics through pharmaceutical products to cigarettes.
Modern art in 3-D: Edelmann stands for high-quality solutions for folding box packaging.
The printing hall in Plant 2 has room for more than 20 production lines.

Page 48/49
Since 1901 an essential part of Heidenheim's economy – the Schwenk cement works in the city district of Mergelstetten.
"Hops and malt – God preserve them": a royal commission for the beer brewers in Oggenhausen. For more than 300 years beer has been brewed here according to a traditional recipe.

Page 50/51
The bank "Volksbank" is one of the biggest service providers in the city.
The property developer "Grundstuecks- und Baugesellschaft AG Heidenheim" is located in the Villa Ebbinghaus.
Futuristic glass structure: the modernised foyer of the "Kreissparkasse" (regional savings bank).
Patients appreciate the care in the Klinikum Heidenheim which, with about 1,520 employees, is the largest service provider in the city.
An eye-catcher: A patent lawyer's office is located in this building with blue tiles on Ulmer Strasse.

Page 52/53
Rhythms of city traffic: the busy central bus station.

Chapter 4

Page 54/55
Small orchestra: at the School of Music

all age groups can receive tuition – alone or in groups – and for a variety of instruments.

Set in the midst of greenery is the Rudolf Steiner (Waldorf) School. The building is constructed without right angles and its assembly hall has excellent acoustics.

A home-made Order for Lord Mayor Bernhard Ilg: The kindergarten in Oggenhausen expresses its gratitude for a new extension.

Page 56/57

Drumming with all your might – but keeping time: these young musicians from Vibraslap are full of enthusiasm.

Page 58/59

All day school: at the technical grammar school there is practical tuition as well as theory.

A venerable building: the Bergschule is one of 12 primary and junior high schools.

At the Heidenheim Berufsakademie more than 1,200 students are registered. A subsidiary is located in the WCM grounds.

Page 60/61

Playing in sand and water right downtown – if that's not exciting! It's all the same whether you are giving orders, watching or filling your bucket yourself.

Chapter 5

Page 62/63

A unique collection: in the art museum you can see an exhibition of more than 600 posters and 140 prints by Pablo Picasso.

Sculptures and paintings from the Late Gothic to the Baroque periods – to be seen in the castle grounds.

Page 64/65

Only two of 80 vehicles dating from the 18th to the 20th centuries which can be admired in the Coach, Chaise and Cart Museum.

Finding traces of the Romans – well preserved remnants of walls, finely worked sculptures. On view in the Museum in the Roman Baths.

Page 66/67

Since 1989 the Municipal Art Gallery has been located in the former "Public Baths."

The Hugo Rupf Hall provides a worthy atmosphere for room installations of all kinds.

Page 68/69

A special kind of studio. The WCM Open shows the life and work of artists and musicians in Heidenheim in their own four walls.

Page 70/71

"Next stop milk and honey:" a work of art in the pedestrian precinct that was created for the Sculpture Symposium in 2004.

Art: the "Camouflage" is a patterned carpet of plants, 5,000 square metres in area – like-wise a result of the Sculpture Symposium in 2004.

Chapter 6

Page 72/73

A stunning backdrop, magnificent costumes and excellent artistic performances – the Opera Festival in the Knights' Hall of the castle.

The walls of the old Knights' Hall can be ingeniously used as a setting for various performances.

Love, pain and passion – the expression of Mozart's opera "Don Giovanni" which was performed in 2005.

Page 74/75

"If I were a rich man ..." sings Tevje, the milkman in the play "Anatevka" – the performance in the summer of 2005 was met with unrestrained enthusiasm.

Children's plays such as "The Cold Heart" are also a hit with adults.

The actors always play to a full house – in every kind of weather. Year after year up to 40,000 spectators stream to the Open Air Theatre.

In the middle of the forest in the castle park – a really special atmosphere. Each year the scenery is adapted for the current open air season.

Page 76/77

African percussionart is part of the inexhaustible repertoire of the Heidenheim Night of Music which entices crowds of people into the bars and pubs every year in May.

Page 78/79

"Cheers" – at the annual "cellarman festival" there is cheer for the heart and also for the palate. In the end of the day there's nothing better than good wine.

Master chefs serve culinary specialities at the Innkeepers' Festival.

Feasting like a noble daughter – the Innkeepers' Festival at the castle tempts visitors every summer with all manner of culinary delights.

Great voices, lively accompaniment – at the Night of Music the whole city is in a party mood.

Page 80/81

Run, shepherd! Since 1723 shepherds and shepherdesses have traditionally tested their skills in a competition.

In traditional costumes the shepherds parade to the scene of the competition. This is what a winner looks like! The prize for the fastest pair is a ewe and a wether.

Happy children and parents can be seen every year at the Children's Festival. All the pupils from the primary schools in Heidenheim parade through the city in costumes they have made themselves.

Here night becomes day. With exotic foods and music from different cultures the annual International Street Festival draws tens of thousands of visitors onto the streets.

Page 82/83

In the observatory on the Erbisberg hill in Mergelstetten hobby astronomers can gaze at remote galaxies.

Who has made the best throw? Playing boules in the Johann Matthaeus Voith Square is a popular leisure activity.

Chapter 7

Page 84/85

Every year the world's top fencers meet for the "Heidenheim Cup."

The next generation of fencers is also guaranteed: top sports people like Ralf Bissdorf train with children and young people in the Fencing Centre.

American feeling in Heidenheim: When the team "Heidekoepfe" is playing there is always lots of action and excitement.

A successful team in the Third Division (South). At home games in the Alb Stadium hundreds of spectators cheer on their football team, HSB.

Wailing engines and daring jumps can be seen at the German Motocross Championships which are held by the MSC Schnaitheim every year.

Page 86/87

Loads of fun on the giant slide: at the indoor leisure pool "Aquarena" the whole family can enjoy swimming.

A view of the spacious grounds around the open air pool, "Waldbad." It opens at the start of the summer season. Plenty of trees ensure a pleasant atmosphere and also provide shade.

Down into the cool water – the diving towers in the Aquarena are very popular indeed, especially with swimmers and divers who like a challenge.

Splashing around is just wonderful! Not surprising, for even on the busiest hot days at the Waldbad open air pool there is room enough for everyone to cool off.

Page 88/89

In winter Nordic skiers can go the distance in the truest sense of the words. They have a total of 45 km of trails at their disposal.

On winter days with good snow there is intense activity at the Hochberg ski lift.

In summer you can also race at breakneck pace downhill – the downhill stretch on the Hochberg is a treat for all mountain-bikers.

Starting signal: Since 2003 the Heidenheim City Race has become firmly established in the sports calendar. You can choose between marathon, halfmarathon or 10 kilometres.

Chapter 8

Page 90/91

The calf is thirsty – just one of many on the Talhof farm. And the whole family helps with feeding.

You don't even have to leave Heidenheim to enjoy a holiday on the farm.

Page 92/93

Breathtakingly beautiful: the Eselsburg Valley near Herbrechtingen is equally appreciated by hikers, cyclists and nature lovers.

Page 94/95

The source of the River Brenz in Koenigsbronn is one of the prettiest karst springs on the Swabian alb.

Miracles made of stalactites: the "Charlottenhoehle" cave in Huerben – one of southern Germany's popular attractions for a day out.

The Haertsfeld: juniper heath, gently rolling hills and endless fields characterise the landscape.

Page 96/97

In this part of the world you will never run out of sheep to count.

Quellen- und Literatur-Hinweise

Bildband „Heidenheim" (1992)

Gerhard Schweier:
„Heidenheimer Chronik 1960–1990"

Manfred Allenhöfer:
„Das Gesicht einer Stadt. Urbane Gestaltung: Kunst und Bauen in Heidenheim"

Archiv Heidenheimer Zeitung

Archiv Heidenheimer Neue Presse

www.heidenheim.de

Dank an Klaus-Peter Preußger (Bibliothekar) und Emil Frey (Zeitzeuge) für die aufschlussreichen Interviews.

Heidenheim an der Brenz

Herausgeber
Stadtverwaltung Heidenheim

Fotografie
Wesser und Bogenschütz

Projektleitung
Bettina Kruse
Stadtverwaltung Heidenheim

Sebastian Busch
becker GmbH, Heidenheim

Text
Grit Wolkowicz
becker GmbH, Heidenheim

Wolfgang Heinecker
Stadtverwaltung Heidenheim

Gestaltung/Layout
Mareen Friedrich, Jürgen Kränzle,
Miriam Wallner
becker GmbH, Heidenheim

Lithografie
Schwabenverlag mediagmbh, Ostfildern

Druck
Süddeutsche Verlagsgesellschaft Ulm

Verlag
Süddeutsche Verlagsgesellschaft Ulm
im Jan Thorbecke Verlag

Luftaufnahmen
Bildagentur GEYER-LUFTBILD

Alle Rechte vorbehalten
ISBN 3-7995-8031-X